1919年

邁向現代的摸索

歷史的轉換期 XI

1919年
現代への摸索

Turning Points in World History

木村靖二
KIMURA SEIJI
|編|
池田嘉郎、紀平英作、深町英夫——著
黃鈺晴——譯

出版緣起

在空間的互動中解讀歷史，在歷史的纏繞中認識世界

中央研究院近代史研究所助研究員、「歷史的轉換期」系列顧問　陳建守

歷史是什麼？來自過去的聲音？人類經驗的傳承？還是帝王將相的生命史？個人有記憶，所以人類也有集體記憶。表面上這些記憶是由事件及人物所組成，更往下分疏縷析，則風俗、習慣、語言、種族、性別等，無不在背後扮演重要的角色。而由這些基點延展開來的歷史研究，則有社會史、文化史、宗教史、性別史、思想史等不一而足的研究取徑。正因為人類無法忘卻過去的一鱗半爪，我們才有了「歷史」(history)。

上個世紀六〇年代英國著名史家卡爾（E. H. Carr）推出的《何謂歷史？》（*What is History?*）迄今剛好屆滿一甲子。卡爾當年「何謂歷史？」的鏗鏘命題，不僅是歷史學者在其漫長的從業生涯中無法迴避的提問與質疑，直至今日，我們仍與之不斷地進行對話。然而六十年過去了，我們現在對「何謂歷史？」這個問題提出的解答，與卡爾提供的答案已經有很大的不同，唯一相同的是「歷史是過去與現在永無止盡的對話」。雖然隨著討論的課題與人們討論方式的改易，對話的本質可能已

經改變，但這樣的對話至今仍不斷地在進行。

與卡爾當年身處的情境不同，現今歷史學研究的興趣從探究因果關係轉向對意義的追尋，由解釋轉向理解。近年來更出現兩項重大的轉向：第一，在過去十年，以全球史為名的出版品有逐漸增加的趨勢，相關研究書文不斷地出現在各大期刊的篇目當中。基於全球史取徑的興起，觀看歷史的視角也從歷時性轉為空間的共時性（from time to space/ place）。第二，大眾史學的出現，歷史做為大眾文化與市民生活的元素，與民眾日常切身相關的歷史研究蔚為風潮，也培養出一群重視在地連結與歷史感的閱讀大眾。

全球史取徑的意義在於打破單一的國族和語言，展現跨地區的相遇（encounter）和連結，同時也直接挑戰了預設地理疆界的「方法論國族主義」。將研究對象置於全球視野之下，一方面可以解構所謂的「歐洲中心化」概念，另一方面則可以指出一個歷史交纏打造的世界。全球視野下的歷史研究跳脫了歐洲中心普世論與國族主義特殊論的二元對立，將視角置於區域發展的自身脈絡以及整體歷史變遷上。至於大眾史學，強調的則是「歷史感」的課題，意圖帶領讀者感受歷史影響我們生活的諸般方式；透過瞭解與參與歷史，我們終將更加了解自己與身處的世界。

呈現在讀者眼前的這套「歷史的轉換期」叢書，就是從這兩大面向切入，編輯而成的套書。整套叢書共計十一冊，是臺灣商務印書館繼二〇一七年推出「中國・歷史的長河」系列套書後的又一鉅作，目的是提供臺灣讀者不同觀點的世界史。其中挑選我們熟知歷史大敘事中的關鍵年分，將之視為探索的起點，卻不囿於時空的限制，而是以一種跨地域的比較視野，進行横切式的歷史敘事。

的世界史往往是各國按照年代時間序列組合而成的宏大敘事，全球史的敘事則是要將時空的框重組，既有縱向的時代變遷，又有橫向的全球聯繫。這正與當前一〇八歷史課綱所提出的理念不謀而合，亦即注重空間（區域）的歷史思考，非常適合做為第一線中學教師補充一〇八歷史課綱的知識點。特別值得一提的是，這套叢書採取與日本同步的翻譯速度，希望能夠在最短的時間內，將最新的研究成果推送到臺灣讀者手中。

歷史學的地貌會改變，新的歷史斷層地圖也會隨之產生。讀者可以發現，專業歷史知識生產已然轉變，大一統的歷史書寫文化業已瓦解。「歷史是過去與現在永無止盡的對話」，自從卡爾為歷史下此定義之後，過去與現在之間彷若有了一條光亮的通道。而這套「歷史的轉換期」叢書，正是另一道引人思索的靈光乍現。

導讀

百年後的另一次摸索：「現代」該往何處去

國立臺灣大學歷史學系助理教授　韓承樺

對於歷史學人來說，我們總是期望，人類過去活動的各色經驗能做為理解現在之所以為此般模樣的線索。呈現於讀者眼前的《一九一九年．邁向現代的摸索》，做為「歷史的轉換期」套書最後一冊，仿似是以「現代」為世界演進的暫時性里程碑為界，標誌出人類邁入「現代」的複線歷程和重層經驗。而在當前國際情勢詭譎多變之刻，此書更像在提示我們，所謂的「現代」秩序很可能再次遭遇嚴峻挑戰。這是我讀完此書後最沉重的感覺。

國際性戰爭會破壞既有秩序，亦得促成國家結構重整與再造，繼而結成新型態的世界。本書四位作者，即將「戰爭」設定為解讀現代世界之形塑和轉變的主要線索；其確實促成了一九一九年以來規模深遠且劇烈的變動。這個獨特視角其實提醒了我們，應該多加考慮戰爭做為一種破壞性／建構性歷史因素的解釋效力，一如劍橋戰爭史第四卷《戰爭與現代世界》（*The Cambridge History of*

War: War and the Modern World) 所揭示的，十九世紀以降的大型戰爭如何影響一個國家動員、組織群眾的模式，運用新型科技器具投入戰役，同時學習如何梳理、排解戰爭所遺留之體制、傷痛和記憶問題；而這確實都與現代世界的發展進程緊密纏繞在一起。

世界在二十世紀上半葉經歷了兩次牽涉多國的戰爭。一九一〇年間的歐戰，先是改變了幾個國家的型態與性質，而彼此間的差距則埋下了第二次世界大戰的遠因。本書四個章節分別討論作者群設定為「最早在近代解體後率先摸索『現代』的國家」（頁二七）——俄國、美國、德國、中國。這四國環繞著人民參與政治的權力、經濟勞動和利益分配模式、社會組織之階層和結構等三個面向的課題，形成對國體、政體形式的探索甚或彼此競爭，從而建構出我們現在認識的，以幾種互有區隔之民族國家為主體的世界秩序。

筆者專業為中國近現代史及思想史，從全套書系的架構來觀覽本書，不由覺得在編排和書寫上，將中國排為本書第四個章節的設定，頗能揭示關於中國現代史的兩點思考。第一，如果以線性時間角度來考慮，中國的確是在世界現代秩序形塑進程中的「後進」國家；但若以「帝國」角度論，中國卻又可被擺在古典世界秩序形成之初始階段（這點請見本書系的第一冊）。換言之，中國在現代轉型過程中，可以被理解成一段盡可能拋棄積累於自己身上的傳統帝國經驗，以達成對現代形制的全盤接納與建制；而這是一段充滿矛盾與挑戰的歷史進程。第二，從一九一九年來討論中國現代轉型的問題與歷程，某種程度上呼應了晚近學界重新思考一九二〇年代之於中國現代史的意義，包括新型政治體制、價值的採納，以及大規模群眾運動所掀起的社會結構重組等問題。本書第四章作者深町英夫的民國政治史、國民黨史研究就為其中佼佼者。以下，筆者將中國設定為回看這段世界現代歷史的基軸，描寫中國與俄、美、德四國經驗相互連結影響的概況並作部分延伸思考，透過此種縱向的歷時性角度，來補充本書採特定時間點的橫切面共時性觀察，權為本書導讀。

歐戰對中國影響甚鉅。包含戰爭過程與戰後透過外交會談所整理出的新秩序，在在影響其時中國人對世界與自身的認識和想像。戰爭伊始，就有杜亞泉（1873-1933）在《東方雜誌》上刊登〈歐洲大戰爭開始〉，以一位域外觀察者角度指出「斯誠近代未有之巨變，而開二十世紀之創局者矣。」這場戰爭攫取了中國多數讀者的眼光，杜亞泉的報導從一九一四年八月開始連載至一九一七年七月，整整三年，閱聽者從雜誌上得以獲悉摩托車、飛行機、潛水艇這類歐西最新科技在戰場上運用，同時也可深刻體會先進物質文明如何製造出「歐洲直淪為地獄，歐民悉化為鬼魅」的場景。

質言之，歐戰帶給中國知識人的是環繞著「現代國家」的正、反兩面思考，它們各自呈現了與世界的互動與聯繫。首先用比較短的篇幅來談反面部分。戰爭促醒了部分人對愛國主義的反省，如嚴復（1854-1921）就曾感嘆道「愛國愛國一言，殊為足以增進人道也」，認為這種以國為界的偏狹想法無助於世界。然而這份精神原本卻為多數人肯定，是一股得以形塑現代國家的積極動力，而嚴復也絕對是一位愛國主義者。也就是說，近代中國知識人在構思理想體制和秩序時，其實是在

「國家—世界」兩權拉扯。更有如梁啟超在一九二三年一部描寫諸子政治思想的《先秦政治思想史》裡指出的「精神與物質」、「個性與社會性」調和問題，反映了他對現代國家內部問題的敏銳觀察。他思考的是，個人該如何克服在各種偏機械的現代組織框架下，被迫透過不斷地經濟勞動來積累物資、利益，以維護並提升得以盡可能展現自我之動力的平衡生活。部分學者將嚴復與梁啟超歸於第一代啟蒙知識分子，他們就身處在第四章作者深町英夫勾勒的「普遍與特殊」思想十字路口上（頁二〇三），只是這必須提高到「國家—世界」的層次來討論。可惜的是，嚴、梁兩人沒能預見另一股政治、社會體制將於戰後國際間迅速崛起，甚至牽引了中國往後的走向。

接著用比較長的篇幅描寫對現代民族國家的正面部分，這仍是一九一九年後世界的主要基調。戰後國際秩序的變動，對某些固有陣營來說是警訊，對初生兒國家如中國來說則是另類的機會或福音。本書第一章以國際競爭互動的角度，勾勒出一九一九年戰爭結束後，以資本主義和自由主義為核心的國家體制遭遇了逐漸成立之蘇維埃政權的批判和挑戰（頁四七）；但若將場景拉到中國，那就會轉變為知識社群和民眾多出一種在美國民主與英國憲政以外的選擇。蘇維埃政權在一九一七年的二月及十月革命相繼成功，讓中國看見一種有別於法式或英式革命的選項，會將中國導往不同於西方國家，理論上更注重總體民眾政治參與和經濟分配的方向。配合著民初混亂政局帶給人民英美代議政治失效的訊息，此時的俄國革命宛如一陣北方吹拂來的強風，讓人們相信可以透過組織嚴密之政黨、大範圍群眾動員、一元式政治信條的結合，在中國實踐那個理想社會。這就是第四章談到的一九二〇年代局勢。國民黨在革命失敗且失去國際奧援的情況下，逐步在唯一的友人——共產國際的協助、指引下，和共產黨合作，展開對中國政治體制的新一輪實驗；甚至孫文還曾計畫在西北地區國民黨軍事基地，導入俄國紅軍訓練，共同對抗軍閥。關於這段歷史，近年即有亞歷山大．潘佐夫（Alexander V. Pantsov）以蔣介石為視角，結合俄國檔案史料的精彩研究。自一九二〇年代起，人們做的各種選擇和決定，包含北伐、國民黨內左右派分裂、清黨、分共乃至於南京國民政府的建立，都是在一個中國國民黨、共產黨、共產國際三方互動愈趨頻密的國際關係中形成。

本書第二、三章討論戰後美國與德國的動向，呈現了一九二〇至一九三〇年代戰間期的政治、社會和經濟危機，引發關於國家、政府乃至於總統治理權力之限度的辯論。讀者看完第二章會覺得，美國在這階段是錯失了補正世界體系的轉機，並給予在大西洋彼岸的德國「邁向重生的道路」（頁一五一）之機會。而當時的中國則趁著戰間修復期，盡可能地將民族主義伸張於國際談判桌上。北洋政府的修約外交，即是本書比較少觸及到的。其後，蔣介石形式上統一中國，建制南京政府，進而施展了混雜著代議制和集權主義的黨國體制，終極目標則為憲政。而在政治實驗過程中，一九三三年起躍然於歐洲舞台的納粹德國也吸引了部分知識人目光。德國與民國時期中華民國的關係，讀者可參閱柯偉林（William Kirby）的《德國與中華民國》（*Germany and Republican China*），內容集中呈現了歐戰後德國如何逐步成為中國短時間的國際親密友人。該書專章描寫了一九三〇年這場環繞著「新式獨裁」的辯論，有如政治學者錢端升（1900-1990）、地質學家丁文江（1887-

1936）、歷史學者蔣廷黻（1895-1965）參與，循是時國際情勢分析指出，戰間期民族主義的擴張無助於民主政治建制，反而突顯各國因政治和經濟權利分配而造成的困境。相對的，納粹主義在德國、法西斯主義在義大利、共產主義在蘇聯，均體現了不同的道路，讓人民可以合理獲致權利，將國家導向富強；而透過集合各方專家來操使的獨裁政治，更可將中國推向真正統一建國。這段歷史經驗揭示了，當世界秩序受納粹、法西斯和共產主義擴張而波動時，在太平洋彼岸正處內外交迫（如日本侵占東北）之際的中國，則有部分知識人和政治從業者顯露出欽羨且欲採行的傾向。

以中國現代轉型為主軸，筆者嘗試循本書採一九一九年來橫切世界史所建構的線索，描寫中國如何與俄國、美國、德國的歷史經驗交織互動，展開對「現代」的歷時性探索。借取王汎森提出的思考歷史方法，我們將四位作者的歷史書寫設定為「事件發展的順序、歷程」，本篇導讀是筆者做為「歷史觀察者的順序、歷程」。筆者想嘗試做到的是，當我們近似倒回去看歷史時，也許更可能找出每個人面臨選擇當下的處境及條件，並從中獲悉些許可資借鑑的微光。如前文所述及的，嚴復、梁啟超對民族國家和現代性的省思；孫中山最終決定對共產國際合作造成的深遠影響；知識分子對「獨裁政治」的論辯和抉擇；回頭來看這段歷史，結合本書在共時空間下呈現複線的歷時性變化，讀者會否和筆者一樣，對中國和世界為何會走到今日這般情勢，頗生唏噓之感。

筆者更想藉本篇導讀指出的是，時間經過百年，當臺灣讀者翻閱此書時，全球情勢經歷肺炎疫情和中美對抗升溫，刻正倒退回本冊勾勒的時間斷點，就是兩次大戰期間；政治參與、經濟分配、社會結構三項課題，再度成為各國伸張民族主義情緒和勢力的藉口。只是，此刻的中國，已經從民族國家的後進者成為牽動國際秩序的主動者，試圖在世界版圖中將己身國體、經驗之特殊性擴張、翻轉為相對普遍的格局。面對這般情勢，我們是否曾有效從兩次世界大戰的歷史中汲取經驗？又或許是，從這個時間點起，人類世界又將邁入另一次環繞著「現代」的摸索？不管如何，筆者誠摯邀請各位讀者打開本書，從一九一九年後的世界情勢開始讀起，共同來思考我們身處的「現代」，究竟該往何處去？

寫在前頭

今日，諸如「全球史」等從廣闊視野出發、多面向思考世界歷史的史學日益盛行，我們希望能夠立足於最新的學術知識，針對各個時期的「世界」，提供一種新的剖析方式——本叢書就是依循這樣的思維而開展的企畫。我們列舉了堪稱世界歷史重大轉換期的年代，探討該年代各地區的人們過著怎樣的生活、又是如何感受著社會的變遷，將重點放在世界史的共時性來思考這些問題。此即本叢書的核心主旨。

從全球視野來嘗試描繪世界史的樣貌，在今天已經不是什麼稀奇的事，可以說本叢書也是歷史學界在這方面集結努力的其中一環。既然如此，那在這當中，本叢書的目標及特色又是什麼呢？在這篇〈寫在前頭〉中，我們將從幾個面向來試著敘述。

首先要討論的是「轉換期」*一詞代表的意義。若從現在這個時間點回顧過去，每一個時期在「轉換」上的方向性，看起來都會是十分明確的；雖然因為地區不同，而有或早或晚的時間差異及個別的特色，但歷史應該還是會往一定的方向發展吧……？然而，這樣的看法卻很容易讓後來時代的人們在回顧歷史時，陷入認知上的陷阱。對於熟知後來歷史動向的我們而言，歷史的軌跡自然是「只會朝這個方向前進」；既然如此，那如果「不從今天來回顧當時的社會」，而是嘗試「站在當

＊ 配合各冊敘述需要，會斟酌譯成轉換期、轉捩點、轉換關鍵等詞。

時社會的立場來看未來」，情況又會變得如何呢？今天的我們，若是論起預測數十年後或數百年後的世界，應該沒什麼人有自信吧！這點對過去的人們來說，也是一樣的。綜觀當時世界各地人們的生活便會發現，儘管他（她）們深切感受到「世界正在經歷重大變化」，卻又無法預測這股推著自己前進的潮流將通往何處，因此只能在不安與希望當中，做出每一天的選擇。將這種各地區人們的具體經驗相互積累、結合後，歷史上的各個「轉換期」，便會在我們面前呈現出一副比起從今日視點出發、整齊劃一的歷史更加複雜，也更加活潑生動的姿態。

第二是世界史的「共時性」。本叢書的每一冊，都以一個特定的西元年分做為標題。對於這種作法，讀者理所當然會湧現疑問：儘管在這一年的前後數十年甚至數百年間，世界各地呈現了巨大變化，某種程度上也可看出一定的關聯性，但這樣的轉變會是在特定的某一年一口氣突然爆發出來的嗎？就算有好幾個地區同時產生了重大變革，其他地區也不見得就有變革吧？特別是，姑且不論日益全球化的十九、二十世紀，針對古代和中世紀世界史的「共時性」（synchronicity）進行推論，真的有意義嗎？當然，本叢書的編者與作者並不是要強硬主張所謂「嚴密的共時性」，也不是要對每一冊各章的對象僅就該特定年分的狀況加以論述。不僅如此，諸如世界史上的「交流」與「衝突」這類跨地域的變遷，以及在這之中肩負起重要任務的那些人，我們也不特別著墨；畢竟至少在十八世紀以前，絕大多數的人們對於自己生活的地區與國家之外發生了什麼事，幾乎是一無所知。而本叢書的許多章節裡，就是以這樣的普通人為主角。儘管如此，聚焦在特定年分、以此眺望世界各地狀況的作法，仍有其一定的意義——它開創了某種可能性，也就是不以零星四散的方式，而是透過宏觀的視野，針對當時各地區人們直接面對的問題，及其對應方式的多樣性與共通性進行分析。像是大範圍的氣候變遷與疫病，各個地區在同一時期，也可能直接面對「同樣的」問題。不只如此，也有像資訊與技術的傳播、商品的流動等，有著時間差而對世界各地產生影響的現象存在。然而，儘管問題十分類似，各地區的對應方式卻不相同；甚至也有因某些地區的對應，導致相鄰地區做出截然不同的對應態度。此外，面對類似的狀況，某些地區的既有體系因此產生了重大的動搖，但其他地區卻幾乎不受影響，這樣的情形也是存在的。當我們看到這種迥異的應對方式，從而思考為何會這樣的時候，便會對各個社會的特質產生更深一層的理解。儘管將生活在遙遠分離的地區、彼此互不相識的人們稱為「同時代人」，似乎不是件普通的事，但他（她）們確實是生活在同一時間、同一個「當代」(contemporary)的人們；我們所做的，就是讓讀者試著感受箇中的醍醐味。

第三個問題是，「世界史」究竟是什麼？今日，打著「全球史」名號的著作多不勝數；儘管它們都有著超越「國史」框架的共通點，採用的方法卻林林總總、不一而足。有的將氣候變遷、環境與疫病等自然科學方法納入研究取徑，來處理大範圍的歷史；有的利用比較史或系統論方法，將重點放在亞洲，對歐洲中心主義進行批判；此外，還有運用多語言史料的海域交流史，這種有時也被叫做「全球史」。雖然本叢書秉持「世界史的視野」，卻未必會使用「全球史」一詞，而是讓各位作者按照自己的方法執筆，在選擇探討對象上也抱持著開放態度。雖然稱為世界史，但本叢書並未採取將某個年代的世界分成好幾塊、然後對各塊分別撰寫概述的作法，而是在狹窄的範圍內，盡可能提供鮮明生動的實例。因此在每一冊中，我們並不見得徹底網羅了那個年代的「世界」樣貌。乍看之下，這樣的做法或許會讓人覺得是好幾個零星主題胡亂湊在一起，然而，我們也請作者在執筆時不將各冊各章的對象框限在一國或一地區之中，而是以面向世界的開放脈絡來處理它們。「世界」並不是像馬賽克一般集結拼湊，而是像漣漪一般，以具體事例為中心，不斷往外擴散又彼此重合；描繪出這些漣漪彼此碰撞接觸的軌跡，就是本叢書的特色。「世界史」並不是一大堆國別史綁在一起的集合物，也不是事先就預設出一個所謂「世界」這樣的單一框架；相反地，我們認為它是紮根於各個地區的觀點彼此碰撞、對話，而展現出的活潑鮮明姿態。

透過以上三點，我們簡略陳述了本叢書的概念。歷史的宏觀脈動，是上至大政治家和學者，下至庶民，由各個階層的人們共同摸索與選擇所形成的。本叢書的視野雖是全球性的，但並非從超越個別眾人經驗的制高點來鳥瞰世界史的全貌，而是試著從廣泛的、同時代的視野，去比較、檢討那些跟今天的我們一樣，面對不可預測的未來不斷做出選擇的各時代人們的思考和行動方式，從而以這樣的視角，對世界史上的「轉換期」加以重新思考，這就是我們關心的所在。透過這種嘗試，本叢書希望能將歷史發展中宏觀、微觀視角的交錯，以及橫向、縱向伸展的有趣之處，介紹給各位讀者。

本叢書的各冊構成如下：

第1冊　前二二〇年　帝國與世界史的誕生
第2冊　三七八年　崩解的古代帝國秩序
第3冊　七五〇年　普遍世界的鼎立
第4冊　一一八七年　巨大信仰圈的出現
第5冊　一三四八年　氣候不順與生存危機
第6冊　一五七一年　白銀大流通與國家整合
第7冊　一六八三年　近世世界的變貌
第8冊　一七八九年　追求自由的時代
第9冊　一八六一年　改革與試煉的時代
第10冊　一九〇五年　革命的浪潮與團結的夢想
第11冊　一九一九年　邁向現代的摸索

各冊除了每一章的主要敘述外，還收錄了簡短的補充說明「專欄」，開頭也編入概觀全書樣貌的「總論」。除此之外，扉頁設有地圖，書末附有參考文獻，希望能對各位讀者有所幫助。

「歷史的轉換期」叢書監修　木村靖二・岸本美緒・小松久男

圖片來源・作者簡介・主要參考文獻

歷史的
轉換期

11

1919年

邁向現代的摸索
現代への模索

Turning Points in World History

總論　邁向現代的摸索

木村靖二

長期的轉換與短期的轉換

歷史上的時代轉換包含著各式各樣的變化，若以耗費的時間為基準，大致可歸納為兩種類型。一種是緩慢進行的轉換。這種類型的轉換，發生時不會立刻引起同時代大多數人的注意，總要等到時過境遷、再次回顧時，才會察覺時代的變遷。工業革命就是個淺顯易懂的例子。發端於英國的第一次工業革命，一開始只是部分產業的技術改良，但這刺激了其他生產技術的改良，更促使生產結構和社會結構在不久後跟著改變，最終導致人們的日常生活、心態、價值觀、對世界的認識都發生轉換。

對此，最近也有觀點指出，從至今一般被界定在「現代」範疇的經濟基礎和社會轉型看來，我們或許正處於邁向新時代的緩慢轉換中。舉例來說，主要產業部門在近二、三十年間出現輪替，進而帶動了經濟結構與社會文化領域的轉型。鋼鐵、造船、電機等所謂的重工業，直至不久前還是帶動主要先進國家產業發展的基礎產業，而今雖尚未消失，重要性卻早已不如從前；這類產業的生產工廠已從我們的日常視線中消失，過去大量在這些產業工作、具同質性的工人階級也越來越少見。

取而代之的，是形形色色的服務和資訊業。它們善用各種輕薄短小的電子設備，成為現在的領導產業；而從事這些產業的主要人員，也變成受僱型態、工作型態、職務內容均多樣化的受薪中產階級。由於人工智慧技術的導入，一般預測，這類受薪階級的規模也會在不久的將來縮小。若稍加留意更會發現，不久前還經常出現在報紙、電視等媒體新聞或評論的工人、勞動階級、工人運動或罷工等詞彙也快速地消聲匿跡，逐漸無人使用，被放逐到歷史用語的範疇。

相對於上述歷時長久，開端不易察覺的轉換，還有一種是急遽發生的轉換。這種轉換帶給了人們切身的感受：原有的政治和社會體制，以及支撐其存在的組織和基礎急遽動搖，快速解體；同時也釋放出新的創造力，並以此為動力，在短時間內過渡到新時代。當然，這並不代表所有的一切都在短時間內改頭換面，其中亦包含許多早在時代轉換前就已萌生、但發展卻受阻的新事物，例如獨創性思想、新社會運動和技術革新等等。這種類型的時代轉換，讓同時代人親眼目睹日常世界和既有世界觀逐步瓦解。一方面，這讓他們對新世界的出現懷抱期待希望，另一方面，也喚起了對舊世界轉換的不安和抵抗。這些情感和矛盾彼此衝撞，交織成錯綜複雜、前景混沌難辨的狀態。雖然規模未遍及全球，但上一個最接近此種轉換的例子，是一九九〇年初期，以蘇聯為首的東歐社會主義陣營的解體。

第一次世界大戰的遺產

可以說，一直到二十世紀才首度出現規模遍及全球、並徹底牽動整體社會的急遽變化。本書探討由第一次世界大戰所引起的變動，就這層意義上，正可謂是歷史上最初的時代鉅變。一次大戰帶來的衝擊，不僅讓各國政治與社會領導階層，也讓大部分的國民與地方社群體認到時代的轉換，並摸索以何種方式來面對變化。另一方面，這場鉅變也喚起了人們激烈的反對和抵抗，試圖阻止時代轉換，並恢復過去的世界。本書的內容即是探究，在近代的終結與「現代」的摸索，兩者彼此錯雜交織的狀況下，人們如何在探尋各自未來的同時，向前邁進。

一般對歷史轉換期的考察，大多採取線性比較方式，檢視自轉換前的舊世界或時代過渡來的另一個新世界或時代。如果轉換後的新世界（時代）結構與特徵十分清晰明確，便適合採用這種方法。然而，這樣的方式卻很難適用於本書。這是因為，雖然大多數歷史研究者都同意「近代」這個時代正走向尾聲，但「現代」的基本結構和特質究竟為何，卻尚未達成明確共識。這也是為什麼，儘管我們已經脫離二十世紀很長一段時間，卻仍未出現能被歷史學界，或關心歷史的人們所接納的二十世紀概論或二十世紀史的原因之一。目前最適切的解釋，是假設「現代」存在於各式各樣、環環相扣的摸索之中。因此在本書裡，我們也希望透過這些摸索，從中尋求理解「現代」的線索。

本書談到的俄國、美國、德國和中國，是在「近代」解體後率先摸索「現代」的幾個國家。我們應當能從它們的成果和失敗中，發掘出思考「現代」為何的重要線索。

在進入各章前，讓我們先來仔細了解，宣告「近代」終結的第一次世界大戰，這場戰爭引起了哪些尚待解決的重大課題（在此姑且稱為「大戰的遺產」）。由於國家、社會和地域的差異，大戰遺產的內容也相當多樣。接下來的焦點將集中在極具影響力的主要參戰國上。

構築新的國際體系

十九世紀歐洲的國際體系，也就是列強互相抗衡、維持歐洲平衡的國際體系，在第一次世界大戰爆發的瞬間便已蕩然無存。在十九世紀登場的近代，亦即歐洲近代，之所以能夠發展扎根，正是因為列強均勢體系維持了一個相對和平穩定的國際環境，這也是歐洲列強均勢體系為何如此重要。當時的南北美洲或是中國所處的東亞，雖亦維持各自的勢力範圍與獨立性，但力量卻不足以跨越各自的區域，進而對整體國際社會規範產生影響。

歐洲列強均勢體系形成於一八一四年的維也納會議（Congress of Vienna）。由於拿破崙（Napoleon Bonaparte）征服歐洲的前車之鑑，各國在會議中一致同意，必須防止再次出現獨霸歐洲的霸權國家，並維持當前各國的現狀與國界。為了達成這個目標，英國、俄國、奧地利、普魯士、法國五強互結同盟，也就是所謂的維也納體系（Vienna System）。但五國同盟很快就動搖，維也納體系也跟著縮小，最終消失於一八四八年的歐洲革命浪潮。但實質上，此後列強均勢體系依然延續。一八五三年克里米亞戰爭（Crimean War），列強間雖發生軍事衝突，但戰場位於當時歐洲的邊陲，戰火並未波及歐洲本土。之後義大利和德國完成統一，列強增加為六國。德國的俾斯麥（Otto von Bismarck）雖促使列強帝國主義往歐洲之外的地區發展，但他致力維持歐洲的現狀與和平穩定。在擴增為六國列強的均勢體系支撐下，歐洲主要強國逐漸達成近代化，形成公民社會。

最終導致這個擴大的列強均勢體系瓦解的原因，是一九一四年，德國為了獨占歐洲霸權而掀起戰端。戰場隨著協約國與同盟國兩大陣營，以及各自被捲入的盟國而擴大，最後演變成第一次世界大戰。大戰前半期，基本上仍是歐洲霸權爭奪攻防戰；可是到了大戰後半期，戰爭的性質轉為總體戰，列強開始動員歐洲以外的屬地、殖民地、自治領的人力與資源。因此，列強間爭奪霸權與領土的傳統戰爭，已無法再擁有正當性。

參戰國國民和國際輿論希望創設一個能夠立刻結束大戰、並確保永久和平的新國際組織，具體來說是設立一個所有國家共同參加的國際仲裁機構。這個國際仲裁機構實際上應該具備哪些功能和作用，便成為大戰遺留的其中一個課題。

民族主義蔚為風潮與民族自決權

大戰讓民族主義迅速擴散，更走向激進化。俄羅斯、奧地利、土耳其這三個由多民族構成的帝國，很早就因為內部蔓延的民族主義運動而呈現出分解徵兆。而早已走上民族國家統合之路的英法德三國，為了強化國家內部整合，便在總體戰加速推進的過程中大力鼓吹民族主義。開戰不久，主要參戰國家當中旋即出現仇視和排斥敵國僑民與敵國語言文化的浪潮。最廣為人知的例子，就是俄國首都彼得堡（Petersburg）更名為彼得格勒（Petrograd），源自德語「堡」（burg，城市之意）被俄語的「格勒」（grad）取代。至於德國也湧現排斥「敵國語言」法語、英語的風潮。這股風潮很快便從仇恨敵國國民和文化演變成舉發本國國民當中的「異己」，要求驅逐、拘禁猶太人和外國僑民。一九一七年參戰的美國便要求德裔移民進行登記，俄國則在開戰後旋即將德裔居民和猶太人驅逐到偏僻的內陸地區。

至於英國，不僅得面對愛爾蘭獨立勢力發動武裝起義，因英國參戰而被迫自動參戰的自治領當中，也逐漸出現要求與英國享有對等關係的呼聲。這些無非也是新型態的民族主義的抬頭。

尋求建立獨立民族國家的東歐和南歐，則採取更強硬的手段。在巴爾幹地區和鄂圖曼帝國，早在一次大戰開戰前就已興起鼓吹地方人民自治和獨立的民族主義運動。在東歐和南歐，所謂的民族國家是指以民族集團為基礎構成的國家，而在大多數情況下，都被解讀成是僅由多數族群所構成的單一民族國家。這很快就被簡化成「一個民族，一個國家」的口號，迅速流傳。在一次大戰前哨戰的巴爾幹戰爭（Balkan War）之後，巴爾幹半島上部分相鄰國家互換彼此國內的同民族人口，試圖實現單一民族國家理念。這類手段在日後被稱作「種族清洗」。若難以進行民族人口交換，國內的少數民族就會被迫同化或驅逐出境。其中最極端的例子，是青年土耳其黨人政權為實現國民土耳其化，在一次大戰時期利用戰時體制驅逐國內的希臘人，並將亞美尼亞人從其居住地強制遷移到沙漠地帶，導致許多人喪命。

此外，協約國與同盟國兩大陣營在大戰期間，也都策略性利用各地區和民族的民族主義運動，煽動民族國家成立，以打擊對方陣營。例如英國與法國就援助波蘭和捷克的民族主義運動，支持它們脫離德國和奧地利；德國則是支援愛爾蘭、印度和墨西哥尋求自治獨立，意圖動搖協約國陣營。

美國總統伍德羅．威爾遜（Woodrow Wilson）在一九一八年初提出〈十四點原則〉（Fourteen Points），其中所謂的自決權（自治權），指的是當地居民擁有決定自己的政治方針與政策的權利，並未談及民族自決。事實上，在提出〈十四點原則〉之前，威爾遜也只在大戰期間使用過民族自決權一詞。他所謂的自決權，是根據美國獨立及其後各州成立的經驗而來：當一區地方自治未獲承認時，只要當地居民提出申請，政府就會審查該區是否具有成為準州（Territory）的條件（其中最受重視的是人口數），通過審查便可成為準州；若能再滿足其他條件，便能升格為州。這裡所指的居民，是不限民族、國籍和宗教，居住在當地的白人男性，原住民、黑人和女性都被排除在外。威爾遜的居民自治權（自決權）雖然淺顯易懂，單純明確，但由於這個概念跟建設新國家無關，因此歐洲無法理解。在歐洲與亞洲，都是以民族集團做為核心的民族自決權，民族主義亦是以此為基礎而發展。民族主義的形態、內涵和目的極為複雜，而不同歷史背景與經歷下成立的民族國家和國民國家雜然並陳，這種狀況讓問題更複雜。釐清這些問題，並透過相互交流和協商解決問題找出共存之道，也是戰後和會的重要課題。

國民主權*（民主主義）國家的摸索

所謂的總體戰體制，即是舉國動員，集中國民和資源從事作戰，國民生活交由國家進行全面管制。這必須獲得國民的同意與協助。國家一方面干涉國民的生活細節，另一方面也必須保障國民維持生存與活動的基本生活需求。多數參戰國採糧食配給制，一併解決統制經濟與保障國民基本生活需求的兩項課題。因此，這些對策被稱為總體戰的民主化成就（對國民一視同仁，讓國民參政），促成了福利國家（保障國民生活）的形成。

總而言之，由於國民地位在大戰期間提升，因此也不可能再回到戰前由少數階級獨占統治權的制度下。國家主權歸全體人民所有，推動國民主權的俄國革命即是明確的例子。轉換為國民主權（民主主義）國家這件事，再清楚不過地顯現出戰後與戰前政治體制的斷絕。

然而，即便承認國民主權或民主主義為新的統治原則，但主權的行使人（公民）是誰（通常是享有普通選舉權的國民，但普選權大多附帶性別、年齡、社會階層、所屬民族等限制）；民主政治具體上應該採取何種制度，這些都仍不清楚。瑞士的直接民主制是個例外，但實行代議制民主的美國、英國和法國在制度上卻各有不同。此外也有像革命俄羅斯†這種實際上由革命黨一黨專政的指導式民主。而國會也有一院制和兩院制之別，就連政黨資格的規定等等亦各有差異。至於一戰後成立的東歐和南歐新興國家，它們的國民該如何適應民主，國際社會又該在民主主義發揮作用前予以什麼樣的援助，也沒有明確的做法。

針對這三個互相關連的課題，參戰國之間彼此尋求共識，找出未來的方向，就是和會的重大任務。

未曾預期的停戰

一九一八年十月初，瑞士居中斡旋，德國政府向美國總統威爾遜提出要求，希望根據〈十四點原則〉締結停戰協定。歷經長達一個月以上的交換備忘錄過程，十一月十一日，雙方在法國貢比涅（Compiègne）簽署停戰協定。同盟國陣營的奧地利、土耳其、保加利亞早已分別締結協定，至此德國與協約國陣營持續了四年以上的戰事也在此告終。話雖如此，這並不表示戰爭已全面終結。為了援助俄國的反革命派，協約國於一九一八年三月開始武裝干涉俄國內戰；此外，俄羅斯、奧地利、土耳其三大帝國解體，宣布獨立的新興國家之間不僅爆發邊界糾紛，各國內部多數民族和少數民族之間也出現對立衝突。但至少，該協定的簽署實現了主要參戰國在歐洲主戰場停戰的目標，邁向和平談判的道路。這讓歐洲地區以外的國際社會欣喜若狂。

德國之所以提出停戰，是由於軍需經濟型態和糧食出現危機導致國內軍民疲敝，而德軍更從

＊ 國民主權（Popular sovereignty）也稱人民主權，但更常被說成「主權在民」，源自十八世紀法國啟蒙思想家盧梭提出的社會契約論。國家主權歸全體人民所有，政府應由人民產生並服從人民的意志。

† 本書第一章作者池田嘉郎所使用的詞彙，特指帝俄瓦解到蘇聯成立之間的俄國。

美國對協約國陣營的經濟軍援規模判斷已不可能取得軍事勝利。然而，協約國方面完全沒料想到德國會在這個時間點提出停戰。一九一八年三月，德國簽訂《布列斯特—立陶夫斯克條約》（*Treaty of Brest-Litovsk*），俄國退出戰場，德國將廣闊的中歐地區收歸所有，同月於西部戰線（Western Front）發動大規模攻勢，這次德軍越過了大戰爆發之初進攻法國時未能突破的馬恩河（Marne）防線，軍隊直逼巴黎。七月初，德國占領和控制的地區範圍從巴黎前方到烏克蘭，自波羅的海到亞得里亞海，達到大戰期間的最大版圖。八月，德軍雖因協約國陣營反擊而後退，但英國首相大衛・勞合・喬治（David Lloyd George）仍表示：「德國大概還能打上好幾年吧！」協約國的首腦們就算不如他悲觀，大多也都認為要等到一九一九年、美國派遣到歐洲的軍隊完成部署後，才能與德國一決勝負。換言之，在一九一八年的秋天，協約國陣營的首要目標仍是擊敗德軍。

在這樣的前提下，別說是與德國的停戰協定，不管是和平條約或任何戰後復興計畫，協約國陣營都未曾事先準備或協商過。主要參戰國是在停戰協定已成定局後才展開內部協商，直至協定成立前夕的十一月初，方決定以威爾遜的〈十四點原則〉做為和會原則，在巴黎召開和會。協約國陣營會做出這樣的決定，是因為除了威爾遜的〈十四點原則〉之外，並沒有任何其他更全面的替代方案，而德方也已接受〈十四點原則〉。關於〈十四點原則〉，英國反對其中的「海洋航行自由」，同時對「居民自決權」的態度也很消極，擔心會讓愛爾蘭的獨立運動死灰復燃。法國基於報復及嚴懲德國的強硬方針，也對威爾遜提出的「沒有勝利的和平」（Peace without victory）抱持批判態度。另一方面，美國對和會召開地點有所疑慮，擔憂在仇德心理最強烈的法國首都，協議是否能夠冷靜且公平地進行。

威爾遜是首位在任期內出訪、離開美國本土的總統，而美、英、法、義四大國首腦要到一九一八年底才首度齊聚一堂。雖然在法國總理喬治．克里蒙梭（Georges Benjamin Clemenceau）的懇求下，和會在巴黎召開，但法國的仇德心理在會議中以各種形式爆發，拉長了協議的過程。不過，若從和會開始後的與會國代表團，以及來自新興國家和殖民地的請願團體規模之龐大來考量，很明顯地，除了巴黎，和會恐怕也很難在其他地點召開。

「會議不跳舞」——巴黎和會

一九一九年一月十八日，戰勝國二十一國代表聚集在巴黎的法國外交部時鐘廳召開會議。這場會議在今日被視為巴黎和會的開端，不過它最早是戰勝國為擬定對德國和約草案而舉行的準備會議（在該情況下，會議一詞使用的英文是Conference），英國最早也是如此稱呼這場會議。原本各國應該在這場會議中制定草案，之後在德國出席的正式會議（這類會議的英文是Congress）上針對各項條約逐條協議，若達成共識便簽署和約。戰勝國各國肯定沒料想到，這場和會竟要耗費半年的時間，才走到和約簽署的階段。不過，縱使事前協調不足，與會者們也充分意識到，面對近代歐洲已然瓦解的國際情勢，這場會議必須肩負起建構下一個時代藍圖的歷史使命。

與一百多年前歐洲統治者們召開的維也納會議比較，可以清楚看出國際社會在這段時期的近代化過程發生了怎樣的轉變，以及規模如何擴張。維也納會議時，與會者幾乎全是當時握有國家實權的皇帝、國王或上流階級貴族，人數也很少，如英國使節團人數僅有十四人。然而到了巴黎和會，英國代表團增至二〇七人，若加上祕書、司機等隨行人員則超過四百人，美國代表團更是高達上千人。而參加和會的國家包括了南美洲各國、英國的自治領，以及來自亞洲的日本和中國等等，名符其實遍及全球，各國代表團和隨行人員總數達一萬人，是史上規模最大的國際會議。除了日本外，美、英、法、義這四個主要國家的領袖無人出身王家或貴族，皆是經由選舉選出，代表國民行使權力的平民政治家。此外，此次會議還吸引了大量媒體人士，超過五百名來自世界各國各地的報社特派員聚集於此。於是，巴黎和會就如威爾遜總統在〈十四點原則〉演說中所期待的，成了第一個「在全球公眾注目下」舉辦的國際會議。戰前歐洲列強均勢體系下舉行的國際會議若有像美國這樣的非歐洲國家與會，通常會被當成客人對待。然而在巴黎和會，美國卻肩負了最受矚目的主要任務；來自亞洲的參加國日本，也要求在新設立的國際組織（國際聯盟，League of Nations）公約內加入人種平等條款，驚動歐美各國代表，成為會議焦點。中國於一九一七年三月正式向德國宣布斷交，八月對德宣戰，但早在一九一六年八月即應英法要求送出十四萬名工人到歐洲，提供經濟層面的協助；儘管如此，中國原本期待在巴黎和會中獲得歸還的德國舊租借地卻被交給日本。為了表示抗議，中國代表在和約簽署前夕退出和會，展現自立自強的態度。

至於東歐和南歐新興國家令人頭痛的邊界糾紛問題，各國更是早已紛紛要求和會介入仲裁。此外還有許多請願，如尋求殖民地解放與自治的民族運動、要求保護新興國家境內包含猶太人在內的少數民族等等。胡志明也是這些請願者之一。大戰期間他在倫敦的飯店工作，戰後移居巴黎，他向和會提出解放越南的請願書。這也透露出新的國際社會正逐漸成形。

由於與會人數眾多，無法在全體大會中進行討論，因此和會按各類問題，設置了五十八個專門委員會，交由共一千名的各國委員分別研討。和會採取的機制是由美、英、法、義、日五大國首相（總統、全權代表）和外交部長所組成的十人委員會討論提案，再交由全體大會做決定。不久後，十人委員會就變成只有五大國首腦的五人委員會，接著日本在自身相關問題結束後退出了委員會，義大利也在四月底退出和會，便縮小為美英法三國首腦的三人委員會。這個實際上做為最高決議會的首腦會議，從一九一九年三月開始，三個月內召開了多達一百四十八次的會議。一百多年前的維也納會議未曾召開過全體大會，只由大國間協議並做決定，因此中小國家的代表們閒得發慌，被譏諷「會議都在跳舞」*，但在巴黎和會根本不可能跳舞，與會者都全力以赴勤奮工作。

---

* Le congrès danse，諷刺維也納會議充斥著社交宴和舞會，但議程進展緩慢。語出何人說法眾多，有一說是時任法國外相塔里蘭，也有一說是梅特涅的祕書。

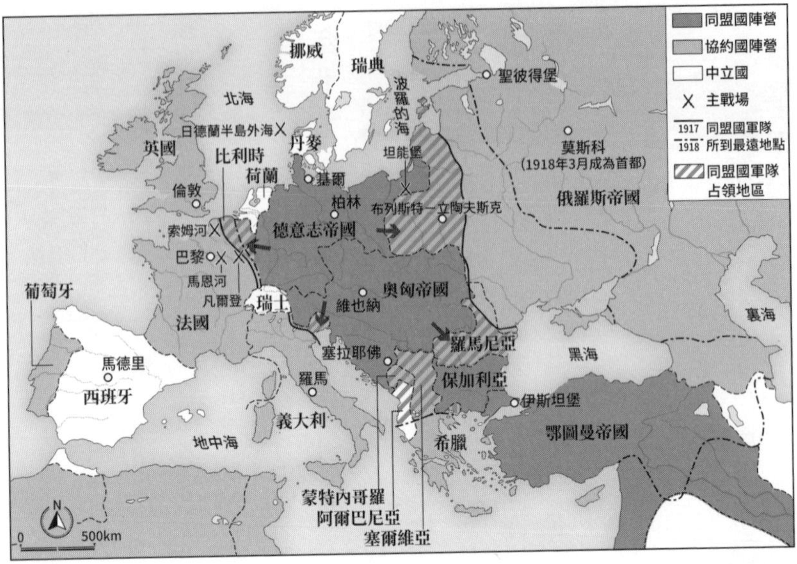
同盟國陣營
協約國陣營
中立國
主戰場
1917 1918 同盟國軍隊所到最遠地點
同盟國軍隊占領地區
挪威
瑞典
波羅的海
聖彼得堡
北海
日德蘭半島外海
丹麥
坦能堡
莫斯科
(1918年3月成為首都)
英國
比利時
荷蘭
基爾
倫敦
柏林
布列斯特－立陶夫斯克
俄羅斯帝國
索姆河
德意志帝國
巴黎
馬恩河
凡爾登
瑞士
奧匈帝國
維也納
葡萄牙
法國
裏海
羅馬尼亞
塞拉耶佛
黑海
馬德里
西班牙
羅馬
保加利亞
伊斯坦堡
義大利
地中海
希臘
鄂圖曼帝國
蒙特內哥羅
阿爾巴尼亞
塞爾維亞
500km

第一次世界大戰中的歐洲

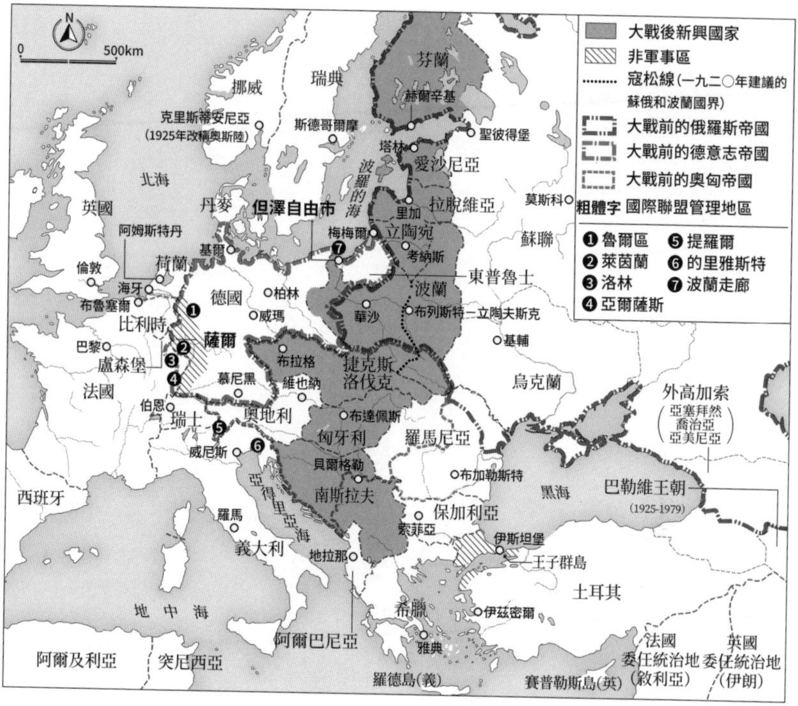

第一次世界大戰後的歐洲

和約草案的確定與簽署

各大國首腦雖被其他中小參戰國、國際輿論和眾多請願團體包圍，但他們必須最優先考量的，是來自本國國會和輿論的期待與壓力。接著就來看看，在這種情況下，「大戰的遺產」是如何被處理和決定的。

（1）《國際聯盟公約》

和會首先處理的重要課題，是制定《國際聯盟公約》。委員會由美國總統威爾遜親自主持，在他充滿熱忱的帶領下，不到一個月就擬好了公約內容。之所以這麼順利，是因為參戰國國民殷切期盼設立一個防止戰爭的國際機構，國際輿論也全面支持。不過，也是因為該機構具體將如何運行仍然不明，英法兩國對國聯功能抱持懷疑，故未於會議上積極發言。

威爾遜本身為了說服在美國國會擁有多數席位的共和黨議員及國內輿論，也在二月底帶著公約草案返回美國一個月。

（2）確定和約草案

其次的課題，是協議對德條約的正文。在威爾遜返美期間，主要戰勝國開始協商條約內容。和國際聯盟這種攸關未來的議題不同，對德條約關係到大戰後的戰後處理，如領土的割讓與分配和確定新國界、德國的徹底民主改革、賠償的總額與支付方式、限制軍備、德國舊殖民地的處置等等，無不直接與戰勝國的利害相關；所以各國之間的對立也十分激烈，難以達成共識。

尤其是法國總理克里蒙梭，在輿論壓力下，他以保障法國的國家安全為優先，強硬主張制定嚴厲的懲罰性條款，以削弱德國力量，甚至一度提出要求分割德國，讓威爾遜也放棄達成共識，在四月底命令美國船艦準備返國，讓和會近乎決裂。不過，英國擔心法國會因削弱德國而躍昇歐洲大陸霸權一事心存警戒，故轉向支持威爾遜。威爾遜認為包括德國在內，所有民族國家一律平等，才是維持國際關係和平穩定的關鍵，於是他和英國聯手，承諾與法國締結安全保障條約，以此說服克里蒙梭讓步。至於支付賠償事宜更是一大難題。德國早在大戰初期就承認入侵身為中立國的比利時，表明願意賠償。然而，法國要求了遠超過一般賠款金額的損害賠償，苦於鉅額戰爭費用的英國亦表示贊成。賠償總額並未在巴黎和會期間作出決定，而是由賠償委員會在一九二一年確定。若要求德國賠償，就必須有條款做為依據，《凡爾賽和約》第二三一條款（Article 231）便將協約國國民所受到的損害，完全歸咎於德國及其盟國的侵略行為。這項被稱作「戰爭罪責條款」（War Guilt Clause）的條文明示了賠償要求，成為日後長期爭論的核心。

戰勝國們辛苦克服彼此內部的危機，好不容易議定了和約草案。若是邀請德國在後續正式的和平會議重新就草案進行交涉，可能會加深戰勝國之間的裂痕，導致會議本身決裂，而且在時間上也不夠充裕，於是各方在四月同意，將準備會議直接變更為和平會議。

五月初，德國代表受邀出席和會，但戰勝國代表卻未在會議中與德國代表進行實質交涉，德國面臨二選一的局面：全面接受和約草案，或是拒絕。倘若德國拒絕接受草案，便意味著重啟戰爭，因此德國雖提出抗議，但也只能接受。

（3）保護少數民族的條約《小凡爾賽和約》

東歐和南歐境內少數民族錯居雜處，不可能建立單一民族國家，這樣的事實很快就顯而易見；能做到的頂多僅是修正國界，以盡可能減少各國境內少數民族的數量。這些新興國家都是境內擁有少數民族的多民族國家，是故必須建立一個機制，保護新興國家內部的少數民族。於是和會要求新興國家在簽署《凡爾賽和約》之際，必須同時簽署保護少數民族的條約（統稱為《小凡爾賽和約》〔*Little Treaty of Versailles*〕）。明明是要建立單一民族國家，但實際上卻變成多民族國家，此點讓這些新興國家深表不滿；更令它們忿忿不平的是，戰勝國等大國被排除在這份條約的規範對象之外，因為這些大國被認為是具有整合國民的能力與經驗的先進國家。這也是為何新興國家被要求導入、仿效法國代議民主制的理由。

德國的舊殖民地和鄂圖曼帝國管轄的中東地區會交由國際聯盟託管，也是基於相同邏輯：兩國都欠缺培養地方自治的能力，只好由國聯委任戰勝國保護當地居民，培養他們的自治能力。根據居民的自治能力，國聯將委任統治地區（mandate，託管地）分為三個等級。交由日本委任統治的南洋群島被定位在最低等級，甚至不被允許自治。威爾遜本人也認可這一連串與少數民族相關的各項條約和規定。由此可見，十九世紀近代的西方中心主義思維仍然延續。

希望與幻滅

一九一九年六月二十八日，在巴黎郊區的凡爾賽宮鏡廳，三十二國協約國代表與德國代表共同簽署了和約。這個場所和簽署和約的日期各有其意義。一八七一年一月十八日，普法戰爭（Franco-Prussian War）最激烈的時期，德軍正是在凡爾賽宮鏡廳設立總司令部，普魯士國王被推舉為德國皇帝，德意志帝國即在此誕生。六月二十八日，則是導致第一次世界大戰爆發的事件、奧匈帝國王儲夫婦在塞拉耶佛（Sarajevo）遭到暗殺的日期。對法國而言，這是一掃屈辱的地點和日期。

這部日後被稱作《凡爾賽和約》的對德和約，在當時就飽受各種批判。不僅參戰國和敗戰國都感到不滿，也讓殖民地和屬地的人們感到幻滅。歷史學家譴責和會在處理「大戰的遺產」時犯下錯誤，導致第二次世界大戰爆發，甚至有觀點認為是和約失敗的連鎖效應引發了第二次世界大戰，故將兩次大戰合稱為二十世紀的「第二次三十年戰爭」。近年有學者提出強烈反駁，認為這類批判輕忽了當時的時代轉換之劇烈，以及各國領導者所背負的重擔。

最後，讓我們來確認這個由第一次世界大戰所引起的時代轉換，裡面的幾項基本要素。首先，由於國際聯盟的創立，國際社會基本上已進入民族國家的時代。再則，即便大部分民族國家的具體組織和模式各有差異，但國民主權（民主主義）的概念皆已扎根，也就是民主國家。民族國家與民主主義，這二項國際社會和國家的基本結構出現，宣告了與十九世紀世界的訣別。本書要探索的課題，即是在這個嶄新卻又多樣化、同時不斷持續轉變的世界裡，各國如何摸索、如何發現各自的定位和未來。

第一章　巴黎和會與俄國內戰

池田嘉郎

1 俄國革命與第一次世界大戰

第一次世界大戰、俄國內戰、一九一九年

繼一九一七年二月革命和十月革命後，俄國於一九一八至一九二二年之間爆發內戰。蘇維埃*政權和各種反布爾什維克（Anti-Bolshevik，反對極左派）勢力互相內鬥，帝國主義列強也介入了俄國政局。

在蘇聯史學上，以「協約國武裝干涉俄國內戰」†稱呼這個時代，一般也普遍沿襲該觀點。雖無須否定這種見解，但有幾點必須注意。第一，與其說俄國內戰與協約國武裝干涉同時並進，倒不如說二者實為一體。列強支援反布爾什維克勢力，各國派遣部隊也與反布爾什維克勢力合作。協約國的武裝干涉，可謂是繼一九一七年的兩次革命後，造成俄國瓦解與混亂的廣義內戰的一部分。

＊ Soviet，俄文為 Совет，指代表會議或委員會。

† Allied intervention in the Russian Civil War，俄文為 Интервенция союзников в Россию。

第二，將該時期視為協約國武裝干涉俄國內戰，此種史觀隱含著以蘇維埃政權為中心的前提。也就是說，反革命勢力抵抗正統的蘇維埃政權，而列強以軍事力量介入干涉。然而，這樣的視角有許多未能顧及的面向。其中特別重要的是，革命後的俄國接連誕生了波蘭、芬蘭、愛沙尼亞、拉脫維亞、立陶宛等獨立國家；此外也有像喬治亞、亞美尼亞、亞塞拜然、烏克蘭這般成立不久便夭折的國家。因此，若從不同角度來看，所謂的協約國武裝干涉俄國內戰，也正是俄羅斯帝國瓦解與重組的過程。

第三，對協約國武裝干涉俄國內戰的理解，不應僅侷限在俄羅斯史的範疇。就如同「協約國武裝干涉」一詞所揭示的，這段歷史是一個國際性的過程。誠如美國歷史學家梅爾（Arno Joseph Mayer）在《威爾遜對列寧》（*Wilson vs. Lenin: Political Origins of the New Diplomacy 1917-1918*）中指出的，第一次世界大戰所引發的俄國革命，本身就是個相當國際性的事件。尤其是擔心俄國退出戰場的協約國（英、法、美、義、日等國），它們不僅干涉俄國革命，設法重建東部戰線（Eastern Front），俄國內戰期間亦持續軍事介入。因此，我們可將協約國武裝干涉俄國內戰視為第一次世界大戰的構成要素。這樣的思路並不是要將俄國內戰收納於一次大戰的脈絡中，而是要擴大一次大戰的架構，讓大戰不僅僅停在正式停戰和各種和約上，就此畫下句點。

若要將協約國武裝干涉俄國內戰視為一次大戰的構成要素，那麼就應該嘗試不僅從俄國國內，同時亦從其他國家的角度來切入這段歷史。畢竟，一次大戰是國際性的事件。在蘇俄*退出後，仍留在大戰戰場上的各國是如何看待俄國的情勢？一九一九年巴黎和會討論「戰後」處理問題時，又是如何對待仍鬥爭不休的俄國？本章將試著從以上的觀點，來概觀第一次世界大戰與俄國內戰的關係。

在一次大戰的脈絡中，一九一九年無疑是個轉捩點。這一年召開的巴黎和會決定了大戰後國際秩序的基本樣貌，特徵是歐洲的地位低落與美國的抬頭，造成權力關係出現了全球規模的變化。而戰後為維護世界和平而成立的史上第一個跨國機構——國際聯盟，也是該時期國際秩序的另一項特徵。巴黎和會中甚至還出現了廢止祕密外交、殖民地和屬地居民自決權等與過去大國外交性質迥異的主張，此點也反映出因歷經大戰而長足進展的政治大眾化與民主化特徵。不過，屬地自決權最終未受到尊重，引發各地激烈的抗議運動，因此一九一九年與其說是政治大眾化與民主化，以及與之環環相扣的民族主義運動的完成，不如說是正要開始的起點。

倘若不只第一次世界大戰，而是將俄國內戰也納入考量，那麼一九一九年還可以再加上以下兩項劃時代特徵。首先，到了一九一九年底，協約國意圖打倒或抑制蘇維埃政權的嘗試，幾乎確定以失敗告終。這是因為，協約國試圖以資本主義和自由主義為基調建構戰後國際秩序，但國際社會成員當中有部分對此抱持批判態度。

其實就君主制和共和制並存的角度而言，十九世紀的國際秩序原本就不是一元性的。協約國試圖抑制的蘇俄以其獨創的世俗意識形態為武裝，更兼具大戰期間總動員體制所烙下的集權體制，可謂為一種新政治體制。可以看見，始於一九一九年的國際秩序，其嶄新之處並不在於具有多元性，而是在於具有符合總體戰時代特質的多元性。

＊ Soviet Russia，全稱為俄羅斯蘇維埃聯邦社會主義共和國（Russian Soviet Federative Socialist Republic）。

其次，在巴黎和會中，從舊俄羅斯帝國分裂出來的各民族政權為追求獨立自治，紛紛積極展開行動。其中有許多民族政權跟烏克蘭及外高加索三國（喬治亞、亞美尼亞、亞塞拜然。外高加索意為「高加索山脈的另一邊」，又稱南高加索）一樣，很快就喪失了獨立地位。這些地區的獨立運動，和發生在亞洲、非洲的反殖民運動雖有許多相同之處，但不同的是，它們好不容易形成了國家卻又受挫。這些國家清楚顯現出在一九一九年及其前後的數年間，在舊帝國邊界地區形成的政體所具有的不穩定性。

關於這段時期的早期文獻，簡要而言，蘇聯學者鮑里斯．史泰因（Boris Shtein）於一九四九年出版的《巴黎和會中的「俄國問題」：一九一九至一九二〇年》，對於了解協約國動向具有重要的參考價值。史泰因既是歷史學家也是外交官，更曾是參與國際聯盟的蘇聯代表團一員，他網羅了協約國陣營公開出版的史料，仔細研讀後寫成此書。至於近年的文獻，從伊拉．索明（Ilya Somin）的《流產的十字軍：一九一八年至一九二〇年西方干涉俄國內戰之悲劇性失敗》（*Stillborn Crusade: The Tragic Failure of Western Intervention in the Russian Civil War 1918–1920*）中，可看出協約國干涉俄國內戰卻半途而廢的始末。在史料使用上，本章依據史泰因提供的線索，主要參考美國國務院編纂的《美國外交文件》（簡稱 FRUS），其他參考文獻則於文中適當說明。關於協約國的動向，有細谷千博、相田重夫的苦心力作（請見參考文獻）在前，本章僅屬於概述說明。相對地，有關俄國共產黨和俄國流亡者動向的部分，本章則運用近年的俄文文獻和檔案史料，力圖提供不一樣的觀點。而文中特別重視各民族政權的動向，亦是不同於其他研究的嘗試。

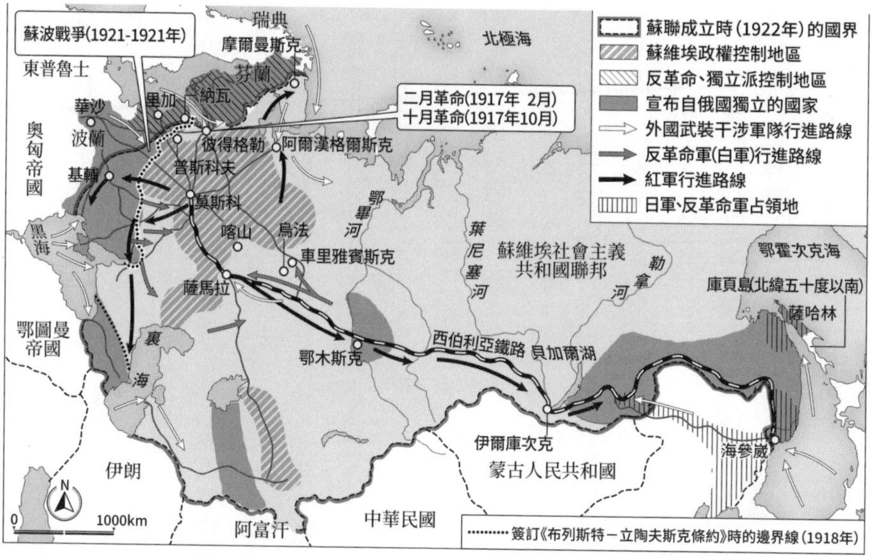

革命期間的俄國與協約國武裝干涉俄國內戰
關於波蘇戰爭請參照本書 89 頁

從二月到十月

俄國爆發二月革命，對協約國來說簡直求之不得。如此一來，協約國就能不再忍受罵名與專制的俄羅斯帝國同盟，毫無芥蒂地高舉為自由而戰的正義之旗。然而，協約國各國政府最在意的，還是俄國是否保有繼續參戰的能力。這個擔憂隨著時間推移逐漸加深。以推崇自由主義的立憲民主黨（Constitutional Democratic Party，簡稱 Kadet）為核心組成的俄國臨時政府雖決定繼續參戰，但政府聲望也因此在工人和士兵之間大跌。工人和士兵支持由社會主義者組成的合議體*——蘇維埃。全國蘇維埃的核心——彼得格勒蘇維埃（Petrograd Soviet）向臨時政府施壓，要求以不合併、不賠款、民族自決的原則，退出戰爭並實現民主和談。不只俄國政府，彼得格勒蘇維埃也對國際發出強烈聲明，影響各國輿論。

雖然如此，但當時彼得格勒蘇維埃的孟什維克†和社會革命黨（Socialist Revolutionary Party, SR）認為應只對臨時政府施壓。若俄國逕自宣布停戰，只會讓同盟國得利（德國、奧地利、鄂圖曼帝國、保加利亞），因此只能對內要求政府改革。然而社會主義極左派布爾什維克‡的弗拉基米爾·列寧（Vladimir Lenin），則採取完全不同的解決手段。列寧在一九一七年四月經德國返回俄國，他疾呼必須立刻結束戰爭，對此必須推翻臨時政府。他認為資本主義諸國互相爭奪市場、原料和資源，帝國擴張及相互爭戰都不會停歇，然而大戰爆發證明資本主義的發展已瀕臨極限，歐洲正處於社會主義革命的前夕。因此他確信，若俄國爆發新的革命，必定會成為導火線，點燃歐洲革命。列寧基於這份確信，利用德國政府，歷盡艱辛返回俄國。對德國政府而言，送列寧返國，可以加劇敵國俄國的混亂政局，而達到的成果極佳。

四月底，立憲民主黨黨魁、臨時政府外交部長帕維爾・米留科夫（Pavel Milyukov）不願改變帝國主義的外交風格，引發街頭示威抗議，被迫辭職。他在臨時政府裡最大的競爭對手，是司法部長、社會革命黨的亞歷山大・克倫斯基（Aleksandr Kerenskii）。克倫斯基迫使米留科夫辭職，之後轉任陸海軍部長，他在前線以民主風格呼籲士兵捍衛革命，追求繼續戰爭。然而，他的演說雖短暫提振了士氣，卻未能發揮更大作用。在協約國施壓下，俄軍於六月底斷然發動攻勢，卻以失敗收場。

對六月攻擊憤慨不已的士兵們，七月初在首都彼得格勒發動叛亂。此時克倫斯基不只鎮壓叛亂失敗的士兵，也彈壓布爾什維克黨人。擔心失控的社會革命黨和孟什維克，迫不得已只好支持克倫斯基。他取代無黨派的大地主格奧爾基・李沃夫大公（Georgii L'vov）成為總理，還任命槍殺逃兵（自二月革命後已禁止此類行為）的拉夫爾・科爾尼洛夫將軍（Lavr Kornilov）為最高總司令，試圖重整戰勢。對協約國而言，科爾尼洛夫是最後的希望。然而，同樣野心勃勃的克倫斯基和科爾尼洛夫彼此關係緊張。八月底，因為兩人不合，科爾尼洛夫為了推翻總理克倫斯基發動叛變，但在彼

---

* Deliberative Assembly，一種要求成員以議事程序進行討論的組織，譬如國會。成員表決時一律平等，以團體的名義來決策。

† Menshevik，俄國社會民主工黨（Russian Social Democratic Labour Party）中的少數派，主張溫和改革，自發性群眾行動。

‡ Bolshevik，社會民主工黨中的多數派，主張絕對服從的民主集中制。

得格勒蘇維埃的努力下，叛變失敗。這件事讓協約國對俄國的信賴一落千丈。

由於科爾尼洛夫發動叛變失敗，布爾什維克黨的勢力急速增強。十月底，在列寧和列夫．托洛斯基（Lev Trotsky）的直接領導下，布爾什維克在士兵和水兵的支持下占領彼得格勒，打倒臨時政府。蘇俄在第二回全俄羅斯蘇維埃代表大會（All-Russian Congress of Soviets）上正式成立，該會通過了〈和平法令〉(Decree on Peace)，以民主方式跟所有參戰國展開和平談判。

〈和平法令〉繼承了彼得格勒蘇維埃自三月以來持續向國際輿論發出的停戰呼籲。不同之處在於，孟什維克和社會革命黨只對臨時政府施加壓力，但列寧卻以武力推翻臨時政府，讓自己成為和談的主體。誠如前述，列寧認為發生在俄國的新革命將成為引發歐洲革命的導火線。列寧推測，就算各國政府對〈和平法令〉視若無睹，各國工人也應該會挺身而出，打倒他們自己的政府。然而，列寧的推測並未成真。以德國、英國、法國為首的西歐各國早在二十世紀初之前便已穩定確立民族國家的各種制度。工人們也由於男性選舉權的擴大、勞動法規、社會保障、民族主義等因素，相當程度融入了民族國家之中。確實，一九一八年十一月德國曾爆發革命，但並未發展到足以破壞民族國家框架的程度。

圖 1-1　列寧

圖 1-2　閱兵中的科爾尼洛夫（車上人物）

俄國退出戰線

歐洲革命未起，雙方參戰國當中響應蘇維埃政權的只有同盟國諸國。盼望與各工人國家同志們展開全面和談的蘇維埃政權，實際上只能與德國等同盟國單方和談。一九一七年十一月，當時俄國仍未停戰，但連蘇維埃政權內部也強烈反對與同盟國單獨和談。反對意見當中最引人注目的是主張發動革命戰爭，不過理論上俄國還有其他可能的選項，也就是與協約國合作，繼續對德作戰。

就協約國的立場而言，這樣的可能性很值得討論。因為東線若就此消滅，德國派往西線的兵力便會大幅提升，這將對協約國帶來危機。於是，協約國透過美國紅十字會使節團團長雷蒙德．羅賓斯（Raymond Robins）和英國特使羅伯特．布魯斯．洛克哈特（Robert Bruce Lockhart），嘗試與蘇維埃政權接觸（關於協約國的外交戰略與俄羅斯的關係，以英國歷史學家羅伯特．瑟維斯〔Robert Service〕在《情報戰與俄國革命》〔*Spies and Commissars: Bolshevik Russia and the West*〕的論述最為精闢）。

原本協約國就不信賴蘇維埃政權。這個俄國新政權不僅正在退出戰線，其批判帝國主義和鼓吹社會主義的理念也與協約國背道而馳。美國在一九一七年四月以「協力國」身分加入協約國陣營參戰，也強烈意識到，必須回應蘇維埃政權在理念層面上挑戰的人，就是自己的總統伍德羅．威爾遜。威爾遜於一九一八年一月八日發表以〈十四點原則〉聞名的國情咨文演說，就是對〈和平法令〉的答覆。國情咨文的第六點即針對俄國發出的呼籲，全文如下：

撤退在俄羅斯領土內的所有軍隊，解決所有關於俄國的議題，該解決方案應取得世界其它國家最良好和最自由的合作，俾使俄國獲得不受牽制和干擾的機會，獨立地決定她本身的政治發展和國策，並保證她在自己選擇的制度下，獲得自由國家社會的誠摯歡迎；除歡迎之外，並給予她可能需要和希望獲得的各種協助。

——〈威爾遜的十四點原則〉，轉引自美國國務院國際資訊局，《美國民主基本文獻》(*Basic Readings in U.S. Democracy*)中文譯文

國情咨文的第十點和第十二點呼籲保障奧匈帝國和鄂圖曼帝國統治地區各民族的「自治發展」，第六點亦是基於相同精神。決定俄國命運的主體是俄國境內的人民，而非列寧政府。

一九一七年十二月，外交人民委員托洛斯基推遲了在布列斯特—立陶夫斯克與同盟國的和平談判，失去耐性的德軍於一九一八年二月十八日開始大舉進攻東線。這舉雖讓蘇維埃政權與協約國有機會再合作，但未有後續。留在俄國的協約國外交團為躲避德軍，遷移到沃洛格達（同年七月再往北移動，離開俄國）。三月三日，同盟國各國與蘇維埃政權正式簽訂《布列斯特—立陶夫斯克條約》，蘇俄以讓出烏克蘭和波羅的海地區為代價，退出一次大戰（八月底又簽訂蘇維埃政府須支付德國鉅額賠款的條款）。但因為無法保證德國不會入侵，俄國仍將首都遷移到內陸較安全的莫斯科。

2 內戰下的俄國

協約國開始武裝干涉

因《布列斯特—立陶夫斯克條約》從東線戰場解放的德軍，於一九一八年三月二十一日開始向西線發動猛攻。原就負擔沉重的英國為重建東方戰線，曾考慮讓協約國軍隊進入俄國。但在此之前，首要之務是防止十月革命前送入俄國的物資落入德國手中。這些物資分別滯留在遠東的海參崴（Vladivostok，又譯夫拉迪沃斯托克），以及西北部的摩爾曼斯克（Murmansk）和阿爾漢格爾斯克（Arkhangelsk）。接著在三月六日，英軍登陸摩爾曼斯克；四月九日，英日聯軍登陸海參崴。然而這些重建東方戰線的行動規模既小，亦無長期計畫。美國總統威爾遜尤其反對出兵。他認為，即便無視俄國居民意願出兵，也不可能重建東線。日軍的行動有擴張領土的野心，恐怕也有損協約國的道義（本節以下關於協約國干涉俄國內戰的內容，主要參考索明的《流產的十字軍》）。

至於俄國國內，對於一九一七年十月革命、一九一八年一月的解散立憲會議，以及同年三月簽署的《布列斯特—立陶夫斯克條約》，各方勢力當中無法接受者甚多。然而在一九一八年春天的時間點，除了南方的志願軍之外，其他反布爾什維克勢力的組織都尚未成形。＊這支志願軍由以科爾尼洛夫為首的舊俄軍將領們與哥薩克軍團（Cossacks）聯手打造，該組織雖肯定二月革命廢除帝制和身分制等成就，但由於他們都是軍人，很自然就走向推動軍人專制政權的道路。科爾尼洛夫於四月戰死之後，安東・鄧尼金（Anton Denikin）將軍成為志願軍領袖。

五月，捷克斯洛伐克軍團（Czechoslovak Legion）在烏拉（Ural）的車里雅賓斯克（Chelyabinsk）發動叛亂，情勢出現轉變。捷克斯洛伐克軍團是奧匈帝國的投降士兵在十月革命之前組成，他們為了投入西線戰場，在蘇維埃政權的許可下正打算前往海參崴，從海參崴經海路到美國，前往歐洲（該軍團事蹟請參照林忠行的《捷克斯洛伐克軍團》）。但由於當地蘇維埃的高壓治理，導致軍團叛變。這場由四萬人軍團所發動的叛變，得到各種反布爾什維克勢力的響應；窩瓦河（Volga，又稱伏爾加河）沿岸、烏拉地區，甚至到西伯利亞的廣大區域紛紛宣布脫離蘇俄。在薩馬拉（Samara），立憲會議委員會（Committee of Members of the Constituent Assembly）更創立了由社會革命黨所主導的政權。立憲會議委員會簡稱科穆奇（Komuch），故該政權也被稱為科穆奇。科穆奇政權與捷克斯洛伐克軍團緊密合作，擁有一支屬於自己的軍隊，被稱作人民軍。

捷克斯洛伐克軍團的叛變，宣告俄國內戰正式開始。這場叛變，讓協約國看見重建東線的希望。威爾遜也改變了想法。他推測捷克斯洛伐克人與當地俄國人關係良好，與前者合作不會招致反抗。協約國則計劃不只從遠東，還打算自西北部與捷克斯洛伐克軍團聯繫，正式干涉俄國內戰。八月一日，以英國為主力的部隊登陸阿爾漢格爾斯克，建立反布爾什維克的地方政權——北部地區臨

＊廣義上，這些來自各方的反布爾什維克勢力被稱作俄國白軍（White Army），在一九一八至一九二〇年俄國內戰時期與蘇聯紅軍相抗。

時政府（Provisional Government of the Northern Region），首長為民粹派的社會主義者（社會主義右派）尼古拉・柴可夫斯基（Nikolai Tchaikovsky）。八月十二日，遠東的日軍開始登陸海參崴。四日後，遠從菲律賓出發的美軍也登陸海參崴。

不過，協約國對俄國內戰的干涉，並沒有明確的長期規畫。起初阿爾漢格爾斯克的登陸部隊僅一千兩百人，雖然到年底為止摩爾曼斯克的部隊增加到一萬人，在阿爾漢格爾斯克的人數也增加到八千五百人，但除了繼續占領北部地區外，軍隊並未採取更進一步的行動。美國送了八千七百人到海參崴，然而捷克斯洛伐克軍團在美軍抵達前就已於西伯利亞取得勝利，美國派兵的名義變得曖昧。美軍遠征軍司令威廉・格里夫斯（William Graves）致力於確保西伯利亞鐵路，對俄國內戰則維持中立。另一方面，對送了七萬大軍到俄國的日軍而言，重建東部戰線和自身關係遙遠，在西伯利亞拓展自身勢力範圍才是最大目標（關於此部分請參照原暉之的《出兵西伯利亞》）。

蘇俄方面，主要的參戰軍力是從外交人民委員轉為陸海軍人民委員的托洛斯基所傾力創建的紅軍。紅軍創立時採志願兵制，缺乏完整的戰鬥能力，唯一可靠的是三萬五千名拉脫維亞人組成的狙擊部隊。其後托洛斯基導入徵兵制，並錄用舊軍隊的軍官，推進紅軍組織化。九月十日，紅軍擊破捷克斯洛伐克軍團和人民軍，成功奪回喀山（Kazan）。這是紅軍取得的第一場大型勝利。

反布爾什維克諸政權方面，為統一各方勢力，九月二十三日在烏法（Ufa）召開代表會議。這場「國家會議」創設了新臨時政府（臨時全俄羅斯政府〔Provisional All-Russian Government〕），科穆奇政權也被併入其中。舊臨時政府的內務部長，社會革命黨的尼古拉・阿夫克先季耶夫（Nikolai

Avksentiev）被選為新臨時政府首長。但由於內部對立，這個新臨時政府並不穩定，十月在紅軍進攻下敗退，移轉到西西伯利亞的鄂木斯克（Omsk）。十一月十八日，全俄海陸軍隊總司令亞歷山大．高爾察克（Aleksandr Kolchak）海軍上將發動政變，驅逐社會革命黨人，顛覆新臨時政府。高爾察克以最高統治者自居，立憲民主黨的部長們則擔任智囊團，支持他的軍事獨裁。

不過，高爾察克政權控制下的西伯利亞也非堅如磐石。在東西伯利亞和遠東，哥薩克軍團的格里戈里．謝苗諾夫（Grigorii Semyonov）和伊萬．卡爾梅科夫（Ivan Kalmykov）虎視眈眈，鄂木斯

圖 1-3　鄧尼金

圖 1-4　托洛斯基

圖 1-5　高爾察克

克政府的統治也只僅止於名義上。哥薩克軍團殘暴對待人民，但因背後有日軍援助，就連高爾察克也無法控制。索明強調，美國遠征軍司令格里夫斯會對俄國內戰保持距離的一大理由，就是因為目睹了鄂木斯克政府的實際不穩狀態。

無論如何，協約國確實提供了反布爾什維克政權不少軍事支援。根據索明的敘述，自一九一九年二月起到同年年底為止，英國提供鄧尼金三十台戰車、一百七萬發砲彈，二十五萬支來福槍。一九一八年十月起至一九一九年十月為止，高爾察克也收到了來自英國的六十萬支來福槍、二十萬套軍服等等。

俄羅斯帝國的解體

內戰期間，除了大俄羅斯地區的反布爾什維克政權外，各民族政權也在舊俄羅斯帝國（舊帝俄）周邊展開行動。原本俄羅斯帝國邊緣地區就以二月革命後歸國的流亡知識分子等人為首，建立了地方行政機構。這些機構處於半獨立自主的狀態，致力於在俄羅斯推動聯邦制，並實現自治目標。十月革命爆發時，這些地區為了避免被更進一步捲入舊帝國中央區域的混亂，而形成了獨立政權。蘇維埃政權僅承認其中的芬蘭為獨立國家，與其他諸政權的關係基本上是處於對立狀態（以下，關於舊俄羅斯帝國邊緣地區情勢參考史泰因的著作）。

不管是協約國還是同盟國，都得面臨該如何處理與各民族政權之間的關係。烏克蘭在十月革命後成立了烏克蘭人民共和國（Ukrainian People's Republic），而且並未放棄推動俄羅斯聯邦的構想，僅自認是自治政體；然而，在蘇維埃政權的進攻下，烏克蘭人民共和國於一九一八年一月宣布獨立。同月，同盟國與烏克蘭人民共和國締結《布列斯特—立陶夫斯克條約》（不同於在三月和蘇維埃政權締結的同名條約）。然而，烏克蘭人民共和國四月因政變倒台，後續由烏克蘭裔的舊帝俄軍人帕維爾．斯科羅帕茨基（Pavlo Skoropadskyi）成立新政權。德國協助斯科羅帕茨基發動了這場政變，並支持該政權。在波羅的海地區，立陶宛和愛沙尼亞也在德軍占領下邁向建國之路。

在南方，俄軍於一九一七年十二月撤退後，由喬治亞、亞美尼亞、亞塞拜然三個民族代表組成的外高加索議會（Transcaucasian Seim）與鄂圖曼帝國軍隊相互對峙。在不斷遭受攻擊與要求割讓領土下，一九一八年四月，為了與鄂圖曼帝國展開和談，議會宣布成立外高加索民主聯邦共和國（Transcaucasian Democratic Federative Republic），自俄國獨立。儘管如此，情勢卻未曾好轉。五月，外高加索民主聯邦共和國在喬治亞代表伊拉克利．策烈鐵里（Irakli Tsereteli，前臨時政府內務部長）提議下解散。新生的三個共和國之中，喬治亞躲入德國的庇護下，亞塞拜然與鄂圖曼帝國緊密連結，亞美尼亞則持續面對來自鄂圖曼的威脅。

一九一八年秋，同盟國各國的敗北，也直接影響了各民族國家的命運。在烏克蘭，斯科羅帕茨基政權倒台，人民共和國復活。在敖得薩（Odesa）登陸的法軍以取得鐵路等利權做為交換，承諾提供烏克蘭人民共和國軍事支援。然而，在莫斯科支持下成立的烏克蘭蘇維埃社會主義共和國（Ukrainian Soviet Socialist Republic）政府獲得紅軍支援，人民共和國趨於劣勢。最後法軍部隊也不得不在一九一九年四月前撤退。

而在波羅的海地區，不只立陶宛和愛沙尼亞走向獨立，拉脫維亞也跟著建國。另一方面，在紅軍的支援下，立陶宛蘇維埃社會主義共和國（Lithuanian Soviet Socialist Republic，日後與白俄羅斯蘇維埃社會主義共和國〔Byelorussian Soviet Socialist Republic〕合併為立陶宛—白俄羅斯蘇維埃社會主義共和國〔Socialist Soviet Republic of Lithuania and White Russia，簡稱 Lit-Bel〕）、愛沙尼亞勞動人民公社（Commune of the Working People of Estonia）、拉脫維亞蘇維埃社會主義共和國（Latvian Soviet Socialist Republic）也紛紛建國。在協約國同意下，留在這個地區的德軍抑制了蘇維埃勢力的擴張。

十月底，美國預測大戰即將結束，遂確立了處理俄國各地區的方針。這份方針可以在威爾遜心腹愛德華・豪斯（Edward House）所準備的〈十四點原則〉解說中找到（《美國外交文件・一九一八年補遺一・世界大戰》第一卷、文件三四〇）。解說的作者之一，即是日後創造出「冷戰」(Cold War)一詞的沃爾特・李普曼（Walter Lippman）。

細看〈十四點原則〉解說中關於俄國第六點的部分，首先提到「必須給予」波蘭人，以及「芬蘭人、立陶宛人、拉脫維亞人，或許還有烏克蘭人」「自由發展的機會」。關於這個「自由發展」指的是什麼，豪斯的解說頗為慎重。他指出，即將舉行的和會，應該在「事實上（de facto）」去承認代表這些民族的政府；至於承認的條件則是，當和會為這些新國家劃定國界後，它們須立即召開立憲會議。國界線應盡可能沿著民族界線劃定。不允許這些新國家與德國、奧地利、羅曼諾夫（Romanov）的王公貴族維持王朝的關係。同時，須鼓勵這些新國家之間建立聯邦，而且應具體說明大俄羅斯亦可與這些新國家維持聯邦關係。就像這樣，豪斯並未提及要創立在「法律上（de jure）」被承認的獨立國家，反而是將著眼點放在推展聯邦制。

至於大俄羅斯與西伯利亞，豪斯表示，和會不妨發出訊息，要求它們形成足以代表這些地區的「單一」政府。然而在此刻，當地卻呈現多政權並立的狀態。因此當前的「俄國問題」的根本，第一是承認各個臨時政府，第二是援助這些政府，並透過它們提供支援。

豪斯還提出，「高加索地區或許應視為土耳其帝國問題的一部分來處理。」後文將可清楚看到處置過程，尤其是關於亞美尼亞的際遇。至於中亞地區的俄羅斯穆斯林，雖缺乏充分情報，但豪斯認為不妨「採取限定委任統治，委託某些列強擔任保護國。」意即在處理舊帝俄周邊地區時，亦考量採取適用於鄂圖曼和德國控制地區的委任統治。

3 和會的開始

俄國代表問題

一九一八年十一月十一日，第一次世界大戰正式停戰，宣告結束。俄國代表能否獲得允許出席和會？康斯坦丁・納博科夫（Konstantin Nabokov）在倫敦為解決這個問題傷透了腦筋。納博科夫自一九一六年以來，便在俄國駐英大使館擔任代辦，十月革命後他無視蘇維埃政權的成立，仍繼續留任該職。他的哥哥弗拉基米爾・納博科夫（Vladimir Nabokov）是立憲民主黨的幹部，與他哥哥同名的姪子是日後的著名作家。

納博科夫在一九二一年出版的回憶錄《外交官的苦惱》（*The Ordeal of A Diplomat*）中寫道，停戰之際在倫敦舉辦了各式典禮，卻沒有大臣在演說中提到關於俄國的貢獻和犧牲，妝點街頭的旗幟中也沒有俄國國旗。他說：「俄國被遺忘了。」首相勞合・喬治也一再反覆重申「沒有」俄國，俄國「瓦解了！」

雖然如此，英國政府也理解「歐洲重整牽涉到各種極端複雜的問題，承認合法的俄國權力是解決所有問題不可或缺的前提。」據納博科夫說，英國政府已決定承認俄國的新臨時政府，甚至在十一月十七日準備好傳令的電報，預備發到鄂木斯克。不過高爾察克在翌日發動政變，英國政府遂決定觀望。

納博科夫請求英國外交大臣亞瑟・貝爾福（Arthur Balfour）讓俄國代表參加巴黎和會，他告訴貝爾福：「高爾察克領導的政府一定會讓俄國復活。」但貝爾福答道：「只要俄國的大半地域掌握在他們（布爾什維克）手中，列寧坐鎮莫斯科，我就無法相信俄羅斯民族會復活。」總而言之，貝爾福對協約國援助俄國一事始終懷疑。他認為俄國在不久的將來一定會靠攏德國，因此強化俄國，對英國而言相當危險。

根據勞合・喬治在回憶錄《和約的真相》（*The Truth About the Peace Treaties*）的敘述，當年十二月初，法國總理克里蒙梭強烈反對在道義上背叛協約國的俄國的代表出席和會。對照之下，勞合・喬治則認為該與蘇維埃政權和睦相處，「若韃靼人、芬蘭人、拉脫維亞人都應當出席巴黎和會，那麼代表全部居民三分之二的布爾什維克就沒有不該出席的理由。」義大利外交部長西德尼・桑尼諾（Sidney Sonnino）則說，俄國應該出席和會，「但不必限定是做為單一國家的俄國，也可以是由自治國家所組成的聯邦。」他還表示，如果是一群規模小、彼此互相敵對的國家，德國就沒有介入的餘地，因此應該「促成並創造未來的俄羅斯聯邦。」俄國將變成怎樣的形式，仍是未知數。最後眾人決定等待美國代表加入討論後，再做出結論。

其實，勞合・喬治並不是要承認蘇維埃是正統俄國政權，他只是認為必須考慮其存在。而且原本協約國介入俄國內戰，目的是為了重建東方戰線，因此大戰結束後就喪失了干涉俄國內戰的正當理由。另一方面，英國內閣當中也有兩位大臣強力反對他的對俄態度。第一位是樞密院議長喬治・寇松（George Curzon），他認為必須將喬治亞從布爾什維克的污染中拯救出來，堅持保留（德國戰敗後駐紮在）當地的英國部隊。寇松曾造訪過高加索地區，相當尊敬當地人民；他對喬治亞的執著，可謂是基於帝國主義者的浪漫情懷和地緣政治學的判斷。第二位是軍需大臣溫斯頓・邱吉爾（Winston Churchill，日後的陸軍大臣），態度比寇松更強硬，主張直接以軍事介入蘇俄；他認為布爾什維克的意識形態很危險。

勞合・喬治雖然持續提供反布爾什維克政權軍事支援，卻堅決反對協約國本身直接介入俄國內戰。他是這樣說的：第一，蘇俄軍隊已達三十萬人，到明年三月底很可能超過一百萬人，我們不可能找到能占領俄國的部隊；第二，軍事介入反而只會強化對手。他認為「我們不能忽視蘇俄與法國大革命的類似之處」，今日的烏克蘭，便類似當年法國的反革命據點旺代*；「而我們介入的事實，已可能讓法國愛國主義者聚集在丹東†麾下，讓恐怖暴行成為軍事武器。」勞合・喬治藉由對照法國大革命，嘗試用自己的方式去更進一步理解布爾什維克。在這點上，是主張直接介入的邱吉爾先察覺到蘇俄這個意識形態國家的嶄新之處。然而，考量到直接軍事介入的負擔和國內輿論的排斥，對勞合．喬治的立場較為有利。

一九一九年一月，謝爾蓋．薩佐諾夫（Sergei Sazonov）以鄂木斯克政府外交部長的身分來到巴黎。他曾是俄羅斯帝國外交大臣，傾向自由主義，因此受到立憲民主黨的歡迎。此時隸屬各黨派的俄國流亡人士在巴黎創立了「政治會議」，參加成員有駐巴黎、羅馬、華盛頓、馬德里的（臨時政府）俄國大使，以及薩佐諾夫、北部地區臨時政府首長柴可夫斯基、前社會革命黨的恐怖主義者鮑里斯．薩溫科夫（Boris Savinkov）等人，主席由前臨時政府首相奧爾基．李沃夫大公擔任。納博科夫也在成員名冊當中，但他與薩佐諾夫關係不佳，因此一開始就未加入政治會議的相關活動。政治會議一連召開數日，送了大量的通牒和備忘錄給巴黎和會，卻沒有任何成員受邀出席和會。實際上，在一月十二日的最高軍事委員會（英、法、美、義）上，各國已同意俄國不應出席和會。

勞合．喬治過度看重薩溫科夫是一個事實。在《和約的真相》中，他回顧道：在巴黎的俄國人當中，最有能力的就是薩溫科夫，「他是一個具有崇高知性、機智且大膽無比的男人。」薩溫科夫向協約國要求的不是兵力，而是資金與物資。兵力的部分，他打算在捷克斯洛伐克和波蘭號召舊

＊ Vendée，法國大革命期間因反對徵兵而發生叛亂，也是保皇派對抗革命的重心地。

† Georges Jacques Danton，又譯丹頓，法國大革命初期領袖之一。與羅伯斯比爾（Maximilien François Marie Isidore de Robespierre）同為山岳派領袖，後因反對恐怖政治擴大等因素被送上斷頭台。

圖 1-6　巴黎和會的四大國領袖

坐著的人物中，左起為奧蘭多總理（義）、勞合·喬治首相（英）、克里蒙梭總理（法）、威爾遜總統（美）。

俄國人俘虜、捷克人、南斯拉夫人、波蘭人擔任志願兵，組成二十萬人的軍隊，以協約國提供的資金和物資供應軍隊。據勞合・喬治的回憶，法國的費迪南・福煦（Ferdinand Foch）以協約國聯軍總司令身分參加巴黎和會，他受到該提案影響，擬定了「一個構想，企圖將芬蘭人、愛沙尼亞人、拉脫維亞人、立陶宛人、波蘭人、捷克人、俄羅斯人——所有實際存在於俄國周邊的各國國民——納入協約國的指揮，對蘇俄展開大範圍攻擊。」（福煦在一九一九年二月二十五日最高委員會中的發言內容便與此相當接近。）福煦考慮以波蘭做為此構想據點，投入由約瑟夫・哈冷堡（Józef Haller）指揮的波蘭駐法志願軍。*因擔憂返回波蘭會讓藍軍士氣不若以往，福煦試圖阻撓他們返鄉，繼續留在法國接受訓練。不過，剛建國的波蘭國家元首約瑟夫・畢蘇斯基（Józef Pitsudski）希望將藍軍投入波蘭與一九一八年十月在加利西亞（Galicia）建國的西烏克蘭人民共和國（West Ukrainian People's Republic）之間的戰爭，便要求藍軍即刻返國，福煦的構想因而受挫。波蘭不願遵從協約國的想法，也不受協約國控制。福煦仍試圖實現自己的構想，邱吉爾亦表贊同，但在勞合・喬治和威爾遜反對下，最終未能達成具體成果。

＊ 又稱藍軍（L'Armée bleue），一戰期間在法國成立的波蘭軍隊，因其制服顏色而得名，為波蘭重建的重要象徵。

王子島會議的提案

一九一九年一月十六日，日本也加入英法美義四國，商討俄國問題。勞合・喬治發表了重要提案。他說，沒有國家準備好要送一百萬名士兵到俄國，而他也不支持封鎖俄國，因為那將餓死大量民眾。因此，他提議呼籲俄國各方勢力議和，待和談成立，再邀請各勢力代表到巴黎，分別說明立場。威爾遜贊成這個提案。這位美國總統試圖去理解支持蘇維埃政權存在的社會背景，他說：「世界瀰漫著一股要在經濟與政治上反抗龐大既得利益的氣氛」、「若缺乏準備好接受它的土壤，布爾什維克的種子是不會蓬勃成長的」（除特別標註的部分，以下本節敘述皆根據《美國外交文件・一九一九年・俄國》）。*

一月十八日，巴黎和會開始。一月二十二日，由美、英、法、義、日五國代表組成的最高委員會，開始討論威爾遜所擬定呼籲俄國各方勢力展開和談一事。當中號召西伯利亞和歐俄境內所有組織團體，無論是已具有政治或軍事上的實質統治能力、或仍在爭取一席之地的，均派代表前往馬摩拉海的王子島。† 五日後，舊俄羅斯地區正逐漸成形的國家「愛沙尼亞、喬治亞、隸屬俄國的亞美尼亞、達吉斯坦」等，也確定成為號召對象。

不過，王子島會議要如實召開有些難度。法國曾向反布爾什維克勢力表示不接受邀請也無妨（美國國務院職員威廉・布列特〔William Bullitt〕在參議院外交委員會所做的證詞）。美國國務卿羅伯特・藍辛（Robert Lansing）也在一月二十七日寫給代理國務卿職務的國務次卿法蘭克・波克

（Frank Lyon Polk）的信上說：「應該不會有什麼結果吧！」然而，威爾遜這個構想清楚顯示了協約國並不是只站在反布爾什維克勢力這一邊，因此影響了俄國內戰當事者們的士氣。蘇維埃政權對此大表歡迎，立刻同意來自和會的號召提案，因為這等於承認他們的存在。對照之下，反布爾什維克勢力則視號召為一種屈辱。納博科夫回憶道：「人類史上還有可能找出比這個高唱勝利凱歌的偉大西方民主諸國代表所為，比這個集體意志的可悲展現還更加可恥的行為嗎？」二月十二日，薩佐諾夫和柴可夫斯基以鄂木斯克政府、北部地區臨時政府、頓河政府（Don Republic，即南方志願軍）組成的「聯合政府」（The Unified Governments of Russia）之名，向巴黎和會送出聲明，表示布爾什維克與德國和談之舉已違背俄國與協約國之間的道義，因此沒有任何理由讓他們出席會議。

各民族政權反應則不一。它們與因俄國內戰而拒絕參加會議的大俄羅斯地區反布爾什維克勢力不同。各民族政權是在尋求承認獨立的脈絡下，決定各自的應對之道。

喬治亞政府代表團在二月八日申明：「確切而言，喬治亞在俄國問題之外。」要求巴黎和會必須將喬治亞問題從俄國問題中移出，並即刻決議是否承認喬治亞獨立。二月十日，拉脫維亞臨時政府代表團對威爾遜發出聲明，除要求和會承認拉脫維亞為主權獨立國家外，並表示將出席王子島會議與俄國和談。擔任愛沙尼亞代表團長的外交部長揚·波斯卡（Jaan Poska）致函巴黎和會主席

* 以下所提及的俄羅斯地區政府與組織，若是出自《美國外交文件》，所附原文亦將沿用該文件英譯名稱。

† Princes' Islands，又名比於卡達島（Buyukada），位於伊斯坦堡外、王子群島當中的最大島。

克里蒙梭，表示為與蘇俄和談，愛沙尼亞將出席王子島會議，但關於愛沙尼亞的獨立問題，只能在巴黎和會決定（未註記日期）。烏克蘭代表團在二月十日的信函上則向克里蒙梭表示，只要蘇維埃政府不停止對烏克蘭的軍事行動，烏克蘭就不可能參加王子島會議。至於立陶宛代表團，在二月二十二日與和平談判委員會俄國部門成員的餐會上，曾表明團員意見出現分歧。

北高加索與達吉斯坦山岳人民聯盟共和國（Republic of the Union of the Peoples of Circassia and Daghestan，以下簡稱山岳共和國）外交部長海達爾・巴馬特（Haidar Bammate）在瑞士的伯恩與美國公使接觸。當美國公使在二月五日向巴黎報告之際，巴馬特表示樂意出席王子島會議，表示「他以他的政府之名，將一切全權委託給總統（威爾遜）」，還說到「希望能將他的國家視為獨立國家，置於國際聯盟的保護之下」、「殷切期盼國際聯盟能任命美國擔任受委任統治國」。巴馬特大概是判斷，若山岳共和國能成為美國的委任統治地，應該可以期待美國在名義和實際上提供支援和安全保障，協助它們達成獨立自治。

從巴馬特留下的文字中，能看出他的想法。他在二月十七日寄給自己國家政府議長的信中如下寫道（這封信收錄於二〇一三年刊行的山岳共和國史料集）：

> 不管是那些聲明不願與布爾什維克的劊子手們同席的俄羅斯反動政權，或是陷入法國的計謀而拒絕前往王子島的民族集團，我都沒有仿效它們的作法。……克里蒙梭想方設法破壞王子島會議，盼望實現軍事介入俄國問題的企圖。當然我也不希望再度落入俄國的桎梏中，我們都正走向其他

異族的絞刑台。威爾遜希望世界獲得新秩序，並盡其可能地向世界保障公平與公正的勝利。

從這段話中可以得知，巴馬特對威爾遜寄予莫大的信賴。另一方面，不能光從這點就斷定他過於天真。他相當明白，要跟大俄羅斯地區互鬥的各方勢力相抗，就必須設法存活下去。巴馬特在信中提到必須出席王子島會議的理由：

因為那是向世界聲明我們的要求、我們的權利和痛苦的唯一方法。……無庸置疑，布爾什維克實際上絕不會承認自決權。但是，他們遠比其他任何人都還更廣泛關注社會問題，在所有能夠想到的俄國政權中，他們對我們而言是最確切實際的。因為他們不會讓單一不可分割的俄國——神聖羅斯（Holy Rus，也稱為神聖俄羅斯〔Holy Russia〕）——復活。假使我們爭取獨立，結果會讓我們不得不落入俄國的桎梏中，那麼我們就必須支持最激進的分子……若是在王子島，我們應該可以（和布爾什維克）對話吧。

巴馬特的文字透露出布爾什維克之所以能在俄國內戰中獲勝，成為俄羅斯帝國重建者的部分理由：對各民族政權而言，布爾什維克是一個較佳的敵人。

王子島會議受挫與派遣布列特

二月十四日的最高軍事委員會上，邱吉爾趁著勞合．喬治回國的機會，強調王子島會議的號召未有具體成效。威爾遜則批評，蘇維埃政權在回覆中提到償還債務、利權、領土賠償等等不在協約國呼籲內容中的事項，是「一種侮辱」，「因為協約國念茲在茲的，是確立俄國和平這個維護世界和平的要素。」不得不說，這番發言是對蘇維埃政權的欺瞞。

翌日二月十五日的會議上，不只勞合．喬治，威爾遜也因暫時返國而缺席。邱吉爾希望趁機底定王子島會議的構想，並提議加上一項新的條件，要求蘇維埃政權停止在所有戰線的攻擊行動。而且，他還主張，不用等待布爾什維克回覆，應設置協約國委員會處理俄國問題，由其下的軍事部門立即針對布爾什維克制定共同行動計畫。邱吉爾除了以意識形態做為理由外，也敘述他支持軍事介入俄國，背後的未來展望。他說，五年或甚至十年後，德國會變成怎樣？德國人口應該會是法國的兩倍，每年可徵兵的人數大概是法國的三倍。倘若協約國任由俄國順其命運發展，德國難道不會與布爾什維克締結同盟，行使「不久的將來對俄國的最大影響力」嗎？喪失殖民地後的德國只能從俄國獲取資源，「一旦俄國落入德國的控制下，德國將會比過去任何時候都還要更加強大。」「俄國是整體局勢的關鍵，除非俄國成為與歐洲共同存續的一部分，成為國際聯盟的共生夥伴和協約國的朋友，否則大概不會有和平或勝利。」

邱吉爾即使訴求武裝干涉俄國，但他也主張須將俄國納入戰後國際秩序之中。他支持軍事介入俄國的論點雖然調理分明，毫無矛盾，但必然會帶來極大的負擔。針對邱吉爾提案的軍事部門一事，藍辛強調，不能急著做決定。克里蒙梭雖同意邱吉爾的論點，不過他支持的是透過周邊所有新生國家圍堵蘇俄。勞合．喬治和威爾遜得知邱吉爾的提案後，皆表明反對。於是，不只王子島會議的提案付諸流水，邱吉爾武裝干涉俄國的提議也未能付諸實行。

威爾遜考慮直接與蘇俄接觸，非正式地派遣國務院職員布列特前往莫斯科，任務是打探布爾什維克在何種條件下才願意停戰；據布列特表示，布爾什維克對王子島會議提案的答覆中未表明停戰日期，對此避而不談。勞合．喬治也贊成派布列特前往蘇俄。勞合．喬治的祕書菲利普．克爾（Philip Kerr）則向布列特表示，就他個人的意見，認為英方能夠接受的條件，是俄國政權維持各自控制的區域（以下記述大致根據布列特在參議院外交委員會所做的證詞）。

雖然是非正式代表團，但蘇維埃政權仍款待了布列特。布列特原本就支持與蘇維埃政權和睦共處，他返國後即向威爾遜提交了一份對布爾什維克控制下的俄國充滿善意的報告書。其中最耐人尋味的是布列特與前科穆奇議長弗拉基米爾．沃爾斯基（Vladimir Vol'skii）的會面。社會革命黨的沃爾斯基在高爾察克政變後改變立場，轉與蘇維埃政權合作。根據沃爾斯基的說法，協約國對俄國的干涉，會迫使反布爾什維克的黨派在無奈之下支持蘇維埃政府，如此只會延長布爾什維克體制的壽命。沃爾斯基似乎想讓協約國放棄干涉俄國，進而在蘇維埃政權下強化農民的發言影響力。至於布爾什維克方面，只要有利於內戰局勢，就會容許沃爾斯基和其他若干支持蘇維埃政權的「在野黨」

在各種條件限制下從事活動。然而，這是意味著蘇維埃政權下還存在多黨制的可能性，或者不過是布爾什維克的戰略？該如何解讀頗為微妙。無論如何，布爾什維克允許布列特會見沃爾斯基，讓布列特對蘇維埃政權留下了良好印象。孟什維克國際派領袖尤里．馬爾托夫（Yuliy Martov）也遞交了相同聲明給布列特。

布列特同時會見了外交人民委員格奧爾基．契切林（Georgii Chicherin）、代理外交人民委員馬克西姆．李維諾夫（Maxim Litvinov），還有列寧。他們進行協議，將停止內戰的各項條件彙整成書面文件〈協約國暨協力國（美國）諸政府之提案〉。三月十四日，俄羅斯共產黨中央委員會審議這份文件。其中最重要的一項，是俄國各政權各自維持控制的區域。列寧提議不必經過全體討論，可立即採用這份文件，進行逐條審議。除一人棄權外，全員贊成列寧的提案，後續逐條審議也只不過些微調整（《蘇聯共產黨中央委員會報告》第八號，一九八九年）。這份文件被視為蘇維埃方面的提案，由布列特轉交給協約國。對蘇維埃政權而言，同意現存政權維持各自控制區域的條款，大概是為了爭取時間。

布列特回到巴黎後，與豪斯和藍辛進行了漫長的會議，他認為美國代表團認同與蘇維埃政權和睦共處的目標。布列特也跟英國人見了面。據說勞合．喬治和南非聯邦的揚．史末資（Jan Smuts）雖然理解蘇維埃方面提案，但為了安撫母國的保守輿論，認為有必要派知名的保守派政治家前往蘇俄，讓他們做出支持和談的報告。除此之外，也有人提議透過北極探險家弗里喬夫．南森（Fridtjof Nansen）居中斡旋，經由糧食援助的方式與蘇俄接觸。

不過，協約國與蘇俄的接觸在此後逐步趨緩。因為西伯利亞的高爾察克開始向莫斯科發動猛烈進攻。

4 高爾察克的進擊與受挫

莫斯科被攻陷的可能

一九一九年五月七日，只有四大國領袖出席的最高委員會（四巨頭會議、四人會議）預測莫斯科有可能被攻陷。勞合・喬治表示，高爾察克政府在莫斯科成立之日應為期不遠；威爾遜聞言便表示，應該要求高爾察克提出改革方案，再以該方案施行做為協約國日後提供援助的條件。威爾遜強烈懷疑高爾察克會不會是個反動的保守人士。

五月二十三日的四巨頭會議討論了由克爾草擬、致高爾察克的信函草稿，內容提到了以下幾項要求。第一，抵達莫斯科後，立刻透過自由選舉召開立憲會議；倘若秩序未能恢復到足以召集立憲會議的狀態，則應暫時召集一九一七年選出的立憲會議。第二，同意地方自治團體舉辦普通選舉。第三，不可恢復身分特權。這是希望高爾察克「不要試圖恢復革命破壞的舊體制」，出自協約國尊重二月革命成就的一貫基本態度。第四，須承認芬蘭和波蘭獨立。國界紛爭等問題需向國際聯盟提請仲裁。第五，俄國與愛沙尼亞、拉脫維亞、立陶宛、高加索，以及裏海東部各地區的關係，倘若未能取得共識迅速解決，則須在國際聯盟的建議與協助下處理相關問題。「第六，一旦俄國建立起以民主為基礎的政府，俄國須立即加入國際聯盟並與其他成員國合作，共同限制全世界的軍備和軍事組織發展。」至於俄國的債務償還，因顧慮到威爾遜曾批評布爾什維克在對王子島會議邀請回覆中言及此事，未在草稿中直接提起，而是在最後寫到，關於債務償還之履行須遵守科爾尼洛夫政府所發表的宣言（一九一八年十一月二十七日）。

原本的草稿中還包含了廢除徵兵制。協約國出於與《凡爾賽和約》相同的想法，打算強制要求俄國限制軍備。克里蒙梭和義大利總理維托里奧·奧蘭多（Vittorio Orlando）面有難色，但勞合·喬治堅持「不管用什麼方法，都必須讓俄國廢除徵兵制。否則，俄國很有可能出現六百萬士兵，而且遲早會被拖入德國的軌道。」由此可知，勞合·喬治和邱吉爾一樣擔心，若德國復興，俄國可能會受影響向德國靠攏（在前面提到的納博科夫回憶中，可以看到貝爾福也有同樣的擔憂）。這項條件應該是為了防範德國再次崛起，但克里蒙梭再三要求取消，於是威爾遜提出以「限制軍備與軍事組織」替代，雙方達成妥協。

五月二十四日的四巨頭會議，針對各民族政權和高爾察克政權的關係做出修正。根據藍辛的提案，信函第五項末尾追加了在國界問題獲得解決前，這段期間俄國政府「須承認這些地區的自治」，並「承認協約國與這些地區『事實上的』政府之間可能存在的關係」。協約國未更進一步要求承認各民族政權「法律上的」獨立地位，而是優先考量與高爾察克政權的關係。五月二十六日，在取得日本共識後，致高爾察克的信函內容基本確定。

儘管這封信函並未要求高爾察克政權在法律上承認各民族政權，但對多數反布爾什維克勢力而言，這依然相當難以接受。駐阿爾漢格爾斯克的美國外交官德維特．普爾（DeWitt Poole）向華盛頓傳達的訊息（五月二十九日）中，率領北部地區軍隊的俄國將軍葉夫根尼．米勒（Yevgeny Miller）曾表示，有關與新國家之間的關係這項內容，實在令人難以輕易接受。根據他的說法，波蘭的獨立雖已是法律事實，但芬蘭僅只是事實上的獨立，若要在法律上承認芬蘭獨立，俄國就必須在軍事上確保彼得格勒的安全。確實像愛沙尼亞那樣的小地方，無論如何都不可能在經濟上完全脫離俄國，因此不會造成什麼負面影響。但立陶宛的脫離，則會深深牽動俄國本土的情勢。米勒認為，倘若再將其他暫時性的變動納入考量，那就是讓俄國倒退回到彼得大帝時代的狀態；假如高爾察克輕率地放棄「過去兩百年俄國所獲得的一切」，那麼俄國輿論大概會將他趕下權力的寶座。

六月五日，法國外交部接獲報告，高爾察克基本上同意協約國提出的條件。只是他表示，包含變更國界在內等須以俄國之名決定的事項，需留待新召集的立憲會議做出最終決定。這雖在法理上具有正當性，但若無芬蘭等民族政權的配合，勢必難以實現。而對愛沙尼亞等地區，高爾察克也只提及保障自治，沒有任何與承認獨立有關的文字。六月十一日和十二日，五大國收到高爾察克的答覆，並感到滿意，但提出「承認」鄂木斯克政府的僅有日本代表牧野伸顯，其他各國只同意提供援助。

實際上，此時高爾察克軍的攻勢已被紅軍擋下。六月九日，紅軍奪下烏法，高爾察克軍被迫退回東方。捷克斯洛伐克軍團的士氣也隨著大戰結束而逐漸低落，年底他們就自海參崴離開俄國。

承認獨立一事被擱置，令新興國家代表團感到不安。六月十八日，在亞塞拜然、愛沙尼亞、喬治亞、拉脫維亞、北高加索、白俄羅斯、烏克蘭等共和國各代表團的指示下，拉脫維亞代表團團長暨該國外交部長齊格弗里茲・梅耶羅維茨（Zigfrids Meierovics，日後成為總理）向威爾遜提出聲明文。根據聲明文內容，這些共和國是各國居民依其自由意志建立、且事實上存在的國家，「故而，俄國各政府權力機關之決定，不論內容為何，一切皆無涉於（這些）主權國家。」這些國家與俄國之間也應該只能夠是一切權利均為對等的獨立主權國家關係；然而鄂木斯克政府與協約國的聯繫，卻「可解釋為否定上述權利。」聲明文中要求巴黎和會及各大國「不要拖延，即刻承認各國政治獨立的要求」。但根據史泰因的敘述，協約國並未對這份聲明做出回覆。

承認芬蘭獨立問題

舊帝俄軍人率領的大俄羅斯地區反布爾什維克政權，大多皆標榜「單一不可分割的俄國」，不願承認各民族政權的獨立。這樣的立場，讓鄧尼金和高爾察克等人不可能與各民族政權組成統一戰線。從芬蘭獨立的問題上便可看到相關例子，以下將根據納博科夫的回憶一一檢視。

針對芬蘭獨立一事，納博科夫與薩佐諾夫意見相左。納博科夫認為俄國應該立即、無條件承認芬蘭獨立。他也告訴高爾察克，俄國應與芬蘭達成共識，而這份共識必須由巴黎和會附議。與芬蘭政府維持良好關係，對於反布爾什維克鬥爭也具有重要意義。當時在赫爾辛基有一個「俄國事務特別委員會」（Special Committee on Russian Affairs in Finland），負責支援逃離布爾什維克政權的俄國難民，由在臨時政府擔任宗教部長暨神聖宗教會議首席檢察長（Most Holy Synod Ober-Procurator）的安東．卡爾達雪夫（Anton Kartashev）擔任主席，在彼得格勒的工商界深具影響力。該委員會與芬蘭政府合作，在其監督下展開活動。與此同時，該委員會也是一個以奪取彼得格勒為目標的政治團體，與高爾察克和鄧尼金維持密切聯繫。這個團體奉尼古拉．尤登尼奇將軍（Nikolai Yudenich）為領袖，卡爾達雪夫也在其中扮演重要角色。尤登尼奇雖承認最高統治者高爾察克的權力，但立場上與高爾察克不同，他同意芬蘭獨立。卡爾達雪夫和其周圍的人們也抱持相同的立場。

據納博科夫所言，巴黎和會無疑將主張芬蘭獨立，因此俄國應該趁機主動提案。在日俄戰爭結束後的樸茨茅斯和會（Portsmouth Peace Conference，納博科夫也參加過該會）上，當時俄國曾拒絕日本派任大使的要求，因為若任命大使，就等於承認日本為大國。他認為俄國不可再度犯下「延宕無可迴避之事」的錯誤。更何況，俄國若承認芬蘭獨立，應可獲得芬蘭人高度評價，若不善加利用這種氛圍，就是缺乏遠見。

然而鄂木斯克政府判斷，在他們設法達成召集立憲會議的目標前，必須延緩承認芬蘭獨立一事。納博科夫對此表示，即使立憲會議拒絕承認芬蘭獨立，芬蘭也不可能接受的。納博科夫如此呼籲：「協約國、和會、國際聯盟，這些決定機關無疑都會承認芬蘭獨立；所以必須切記，倘若我們不採取主動，必然會動搖自己的立場。」然而，宛如否定納博科夫的電報般，薩佐諾夫給了鄂木斯克政府完全相反的意見。一九一九年六月在倫敦見過納博科夫的薩佐諾夫表示「完全」不可對芬蘭讓步。於是高爾察克回覆協約國，關於芬蘭的獨立問題，將交由立憲會議決定。這也導致了日後芬蘭拒不參加奪取彼得格勒的作戰。

尤登尼奇將軍不得不將芬蘭據點移往愛沙尼亞。然而，認為必須承認芬蘭獨立的人們，卻對愛沙尼亞抱持不同的看法。納博科夫寫到：「在制度上，芬蘭與過去俄國的『波羅的海諸地區』有著根本上的不同。」芬蘭有憲法和文化，有民族性的「自我」，「但愛沙尼亞並沒有這些」。「愛沙尼亞本身並沒有能遵循自決原則、統治國家的知識分子階級」、「從俄國手中奪取連接波羅的海港口的通路，就如同重蹈（在北方戰爭〔Northern War〕中敗給沙皇彼得大帝的瑞典國王）卡爾十二世（Karl XII）的覆轍」、「給予波羅的海諸民族過於熱切的期盼，這種舉動對德國有利」、「因此，我認為唯一正確的做法，就是讓這些『小民族』認清他們的命運——在廣義的內部自治之下，根據聯邦制原則，與俄國連結」。這種蔑視「小民族」的心態，無疑在尤登尼奇軍與愛沙尼亞的合作關係上投下了陰影。

5 蘇維埃政權的倖存

關於封鎖戰略

一九一九年六月，當巴黎和會準備簽署德國和約時，在俄國問題上出現了一個隱憂，那就是關於蘇俄的封鎖。最高封鎖委員會在六月七日提醒四大國必須注意，戰時協約國對德國的封鎖，一直是透過與中立國間的共識或實際監管船舶航行來進行，因此在對德封鎖期間，亦可如法限制蘇俄對外的商業往來。然而，若對德封鎖隨著和約簽署而解除，就不可能繼續維持這些措施。因此四巨頭會議不得不研商，協約國是否應宣布正式封鎖波羅的海和黑海港口，或者應與中立國協議禁止對蘇俄再出口。另外，此時匈牙利也正逐漸蘇維埃化，因此也成為封鎖的對象（以上根據七月十五日的五巨頭會議的附錄。本節接下來的敘述，有關巴黎的部分是根據《美國外交文件·巴黎和會·一九一九年》第六卷、第七卷，美國方面則是根據《美國外交文件·一九一九年·俄國》）。

六月十七日，包含日本在內的五大國共同商討此問題。威爾遜一開始就明確表示，與德國「完成和約簽署後，合法的封鎖就不可能成立」。由於〈十四點原則〉的第二點倡議公海航行自由，因此他不希望採取與此矛盾的措施。他支持採用消極手段，暫緩宣布與俄國正式重啟交易。勞合·喬治反駁道，若美國國會詢問是否允許與俄國貿易的話，他該如何回答？但威爾遜仍不肯妥協。他對這位英國首相說：「大不列顛與布爾什維克的俄國處於戰爭狀態嗎？」就算在阿爾漢格爾斯克交戰，「那也不構成法理上的戰爭狀態，因為沒有正式宣戰。因此，沒有封鎖俄國的法源根據。」的確，這是非常根本的問題。儘管協約國迄今持續向俄國派兵，提供反布爾什維克政權協助，卻不曾對蘇俄宣戰。協約國在十月革命後對待俄國情勢的反應可謂是順勢而為。勞合．喬治雖擔心德國會經由海路將武器交給蘇俄，但威爾遜的論點符合國際法，而且難以反駁，於是會議就威爾遜的主張達成一致。

六月二十八日與德國簽署《凡爾賽和約》，七月十二日解除對德封鎖。七月十五日，五大國再次研議對蘇俄封鎖一事。由於瑞典正尋求與蘇俄貿易的可能性，因此需要盡快針對波羅的海的封鎖提出結論（在黑海一帶則幾乎沒有這類國家）。最高封鎖委員會的法國代表雅克．瑟杜（Jacques Seydoux）主張，雖然在法理上不可能宣布封鎖波羅的海，但或許能夠以在波羅的海發生戰鬥行為等理由，禁止貿易通行；或是警告中立國，在協約國支援高爾察克政權的前提下，供給物資給與高爾察克政權敵對的蘇俄，等同是與協約國敵對。貝爾福和克里蒙梭同意瑟杜的主張，認為這也是不得已的方法。另一方面，美國的和會代表團員亨利．懷特（Henry White）則維持一貫的慎重態度，表示「這些提案都意味著平時封鎖（Pacific blockade）。美國政府對於這類事項極為敏感」、「理論上與俄國之間是處於和平狀態」。

威爾森（已出發前往法國）接獲懷特的報告，得知英、法兩國要求重新檢討關於封鎖的決定，他在七月十八日回覆：「在進入戰爭狀態前就進行封鎖，簡直匪夷所思。」其他各國領袖發送電報給威爾遜，敦促他改變心意。貝爾福準備的草稿，在七月二十六日的五大國會議中獲得同意。這份文件清楚傳達出在協約國的眼中，十月革命後的俄國看起來是何種模樣：

> 合法封鎖的存在前提是處於戰爭狀態，或許確實如此。不過……國際法的表述文字，適用於描述有組織的國家之間的關係，但當一方是有組織的各國，而另一方是處於缺乏組織的混沌狀態時，就無法充分適用。俄國，在這個過渡時期，不是一個國家，而是一些彼此互相交戰的「事實上的」政府集合體。協約國和協力國（美國）與俄國之間確實不處於戰爭狀態，但它們涉入了針對其中一個「事實上的」政府的軍事行動，並且提供武器和彈藥給其他的政府，這也是不爭的事實。
>
> 以戰爭來描述這個狀況或許不恰當，但將其視為和平狀態也不正確。……這是一個特殊事例，故而必須以特殊方式處理。

對協約國而言，俄國已經脫離了有組織的國家之間的關係，陷入混沌。協約國嘗試根據自身理念和利害關係為這個混沌創造秩序，卻逐漸失敗。蘇俄在混沌之中化身為迥異於協約國體現的秩序創造者，奮力浮上表面。

威爾遜即便接獲來自巴黎的敦促，也不曾改變他的原則。但美國國內的情勢，對他的判斷造成了強烈影響。就像藍辛在八月二日跟懷特說明的，要在未經國會同意宣戰的情況下實行封鎖這種戰爭行為，已超越了憲法賦予總統的權限。他認為倘若實行封鎖，又過度介入俄國內政，無可避免將招來國會的嚴厲批判；在國會尚未決定批准和約的狀態下，再製造新的批判種子，並非明智之舉。結果，到了九月底，協約國除要求中立國配合採取禁運措施之外，仍然無法再有更一步的作為。

包圍網的破裂

蘇俄發揮了頑強的生命力，周邊國家也不得不考慮與其共存。於是在九月，愛沙尼亞同意與蘇俄展開和談。從《蘇聯對外政策文件集》第二卷、《蘇聯共產黨中央委員會報告》一九九〇年的第二期和第五期，以及俄羅斯國家社會政治歷史檔案館的政治局會議紀錄中，可追溯此事的來龍去脈。

一九一九年八月底，蘇俄紅軍自愛沙尼亞軍手中奪下普斯科夫（Pskov），此事成為蘇俄打破僵局的開端。八月三十一日，蘇俄的契切林呼籲以「承認愛沙尼亞為獨立不可動搖的國家」為基礎展開和談；九月四日，愛沙尼亞政府回應了這項呼籲。九月六日，俄國共產黨中央政治局也決定研議與拉脫維亞和立陶宛提出和談。遵循這項決定，九月十一日，政治局邀集波羅的海地區以及芬蘭的共產黨員，針對跟芬蘭政府、立陶宛政府、拉脫維亞政府和談的提案進行討論。在此之前，波羅的海地區新成立諸國與德軍、波蘭軍等一起有效反擊了蘇維埃的勢力。與莫斯科聯手的各方勢力之中，愛沙尼亞勞動人民公社和立陶宛－白俄羅斯蘇維埃社會主義共和國早已垮台，拉脫維亞蘇維埃社會主義共和國也已被逐出里加（Riga）。政治局全體成員皆贊成與三國進行和談，波羅的海地區和芬蘭的共產黨員中有人棄權，而依然維持著自身共和國的拉脫維亞共產黨員們，則全數反對與卡爾利斯·烏爾曼尼斯（Kārlis Ulmanis）率領的拉脫維亞政府和談的提案。他們要求召開中央委員會全體會議，居住在莫斯科的中央委員因此受召，卻無人支持拉脫維亞共產黨員。俄國共產黨中央壓下這些民族的共產黨員的不滿情緒，準備與波羅的海各國「資產階級」政府和談。俄羅斯帝國解體後，在原先的空間裡，國與國之間的秩序正緩緩浮現。

蘇俄與愛沙尼亞的和平談判一度中斷。由於鄧尼金軍正自南方逐漸朝莫斯科逼近，戰況發生變化，愛沙尼亞因此表示，要等鄰國決定是否接受蘇俄和談的提議後再開始談判。鄧尼金軍和高爾察克軍同樣都以復興「單一不可分割的俄國」為目標，早在一九一九年五月就迫使山岳共和國瓦解，並擊潰了日漸衰微的烏克蘭人民共和國。十月十四日，距離莫斯科三百六十公里的奧廖爾（Oryol）遭攻陷。然而鄧尼金軍的戰線拉得太長，被無政府主義的馬赫諾（Nestor Makhno）等人的部隊從背後攻擊，切斷補給線。十月下旬，紅軍成功擊退鄧尼金軍。

另一方面，將據點從芬蘭移到愛沙尼亞的尤登尼奇軍，也與愛沙尼亞軍聯手對彼得格勒形成威脅；但兩軍關係並不佳。俄國事務特別委員會議長卡爾達雪夫曾在這段時間寫了封信給立憲民主黨的同志米留科夫、蒂爾科娃－威廉姆斯（Ariadna Tyrkova-Williams）和米哈伊爾·羅斯托夫采夫（Michael Ivanovich Rostovtzeff），內容如下（這封信保存在哥倫比亞大學的巴赫梅捷夫檔案館）：

自一九一八年冬天起，彼得堡戰線（從普斯科夫到納瓦〔Нарва〕）出現了一股規模雖小但充滿活力的俄羅斯人勢力。這股勢力吸納叛離紅軍者，有持續急速成長的趨勢。若至少能夠提供他們些許服裝和裝備就好了。但竟然直到今日都沒有這麼做。甚至所有的物資都只優先給愛沙尼亞人、拉脫維亞人（更不必提芬蘭了），而不是在最前線戰鬥的俄羅斯人。他們遭到輕蔑和排擠，沒有長靴、沒有外套、沒有香菸，也幾乎沒有子彈，更沒有殷切盼望的「坦克」……明明是如此充滿活力的珍貴戰力，卻未受重視和支援。英國人無法理解這股戰力的可貴，追著幽靈般的幻影——拉脫維亞、立陶宛、愛沙尼亞團團轉，這不值得驚訝。值得驚訝的是，俄國的軍官們也這樣做。他們原是習慣掌握帝國龐大資源的常備軍，而今卻總被那些新登場的國家宛如遊行般的行軍表演奪去注意力，毫無根據地仰賴著這群如今已成為他者的勢力……由於俄國軍官們與協約國這種過度重視異族人的錯誤路線，導致俄羅斯的部隊遭到浪費，要不投降紅軍，要不因為缺錢、窮困、寒冷而四散後方。這真是對俄羅斯的一大侮辱。

十月下旬，尤登尼奇軍及愛沙尼亞軍也被紅軍擊退。稍早之前，協約國部隊也自阿爾漢格爾斯克和摩爾曼斯克撤兵，北部地區臨時政府的命運也走到了盡頭。

十一月六日，政治局討論「就我方部隊越過愛沙尼亞國界的可能性而向托洛斯基同志提出質問」一事，做出判定：「我們認為有必要越過國界，給支援尤登尼奇的愛沙尼亞人一點『教訓』。」最後通過決議，對紅軍第七軍司令部發出指令，要求他們追擊尤登尼奇軍直到愛沙尼亞境內，並在此事上不對愛沙尼亞政府發出任何外交通牒，「越過國界後立即再度提議和談」。十一月十四日，鑒於愛沙尼亞政府同意重啟談判，政治局取消要求第七軍越過國界的指令。於是，蘇俄與愛沙尼亞開始了和平談判。

直至一九一九年底前，協約國已認知到對俄政策終將失敗。十二月十二日，克里蒙梭於倫敦召開的首腦會議上表示，「用盡各種手段嘗試干涉……至今卻未能達成任何結果」，他提議結束提供俄國物資和資金以重建秩序的措施。翌日各方達成共識，對於如何處理西伯利亞的問題，將破例委由美國和日本決定（《美國外交文件・巴黎和會・一九一九年》第九卷）。

一九二〇年與俄國內戰的殘響

一九二〇年一月十日，國際聯盟成立。在一月二十一日的外交首長會議上，巴黎和會正式宣告結束（根據史泰因的說法），國際聯盟當中沒有任何俄國政權擁有席次。雖然如此，協約國也已認知到不可能繼續封鎖蘇俄，故在一月十六日決定解除封鎖（雖然使用的不是這個詞）。

二月二日，愛沙尼亞和蘇俄締結《塔爾圖和約》（*Treaty of Tartu*）。在這份和約中，愛沙尼亞的獨立首度獲得承認。這也是蘇俄自俄國內戰以來首度締結的和約。到了四月，除了日本之外，協約國已撤出在西伯利亞的部隊。

由於波蘭在四月進攻烏克蘭蘇維埃社會主義共和國，俄羅斯帝國解體後的空間秩序仍處於不穩定的狀態。五月初，基輔被占領。六月，紅軍奪回基輔，繼續向西進軍。七月十一日，就任英國外交大臣的寇松為拯救陷入困境的波蘭，嘗試介入仲裁，對蘇俄送出通牒。寇松提議以巴黎和會在一九一九年十二月劃定的波蘭民族界線（寇松線，Curzon Line）做為雙方的停戰線。其次，為了斡旋協調莫斯科與鄰近諸國的和談，他還邀請蘇俄與波蘭、立陶宛、拉脫維亞、芬蘭等國到倫敦舉行會議。英國政府更祭出國際聯盟的權威，表示「根據《國際聯盟公約》，國際聯盟有保衛波蘭在合法的民族界線範圍內不受侵犯與獨立的義務。」

五日後，蘇俄外交人民委員契切林答覆了寇松的通牒（寇松的通牒和契切林的答覆，皆收錄在《蘇聯對外政策文件集》第三卷）。契切林自信滿滿地回覆道，蘇俄與他國和談不需旁人居中斡旋，不只愛沙尼亞，蘇俄與喬治亞（一九二〇年五月七日）及立陶宛（一九二〇年七月十二日）也都已締結和約。莫斯科歡欣鼓舞地接受王子島會議提案的時代，已如同遙遠的過去。契切林亦罔顧國際聯盟的權威，他表示：「所謂的國際聯盟從未向俄國政府表明過自身的創立與存在，蘇維埃政府也從未獲得決定承認或不承認該組織的機會。」外務人民委員還聲明：「蘇維埃政府絕不能同意某些大國集團站在全球所有國家之上，自行扮演任何最高機構的角色；蘇維埃政府將堅決守護俄國勞動人民完全不可侵犯的主權。」布爾什維克預期的世界革命並未發生，反倒是資本主義列強創立了國際組織。因此，蘇維埃政權不得不以國家主權做為盾牌，設法熬過包圍戰。

戰鬥尚未結束，紅軍繼續攻擊華沙。共產國際（Communist International，創設於一九一九年三月）第二次代表大會的參加者們也目睹革命勢力向西方擴張而感到雀躍。然而列寧讓紅軍深入波蘭的民族界線之內，實在是判斷錯誤了。堅守華沙的波蘭軍開始反擊，紅軍向東節節敗退得比寇松線還遠。要等到許久以後，《德蘇互不侵犯條約》（*German-Soviet Nonaggression Pact*）的簽訂和第二次世界大戰爆發，約瑟夫．史達林（Iosif Stalin）才將國界推回到大致與寇松線相同的位置。

儘管歷經敗戰，列寧卻更加積極，氣勢高昂。九月二十二日，列寧在第九次黨代表大會的中央委員會政治報告上陳述：「我們目前尚未在軍事上取得足以粉碎巴黎和會結果的決定性勝利。若能親眼目睹獲勝的世界帝國主義所制定的《凡爾賽和約》遭到廢棄（就好了）。但是，很清楚地，我們並不具有達成此事的力量。我們的基本政策依然不變。我們要利用各種可能性，轉守為攻。我們已經稍稍傷害了《凡爾賽和約》，當良機造訪時，我們就要抓住它！」（收錄於《列寧——未知文件》。這份報告在蘇聯瓦解後的一九九二年初次公開。）

事實上，早在一九二〇年四月，列寧就已成功透過紅軍讓亞塞拜然蘇維埃化。亞美尼亞在十一月，喬治亞在一九二一年二月，也都步上相同命運。由於一次大戰和大戰後地緣政治學上的變化，三國當中的亞美尼亞更是飽受命運擺布。亞美尼亞最後一任總理西蒙．弗拉齊安（Simon Vratzian）在其著作《亞美尼亞和亞美尼亞問題》（*Armenia and the Armenian Question*）談及其中的來龍去脈。一次大戰終結時，亞美尼亞將希望寄託在美國身上。不管民主黨或共和黨，都支持舊俄羅斯帝國境內的亞美尼亞和鄂圖曼帝國境內的亞美尼亞統一並建國。然而民主黨及威爾遜總統希望讓亞美尼亞成為美國的委任統治地，雙方建立更緊密的關係；相較之下，強烈傾向孤立主義的共和黨則僅希望與亞美尼亞維持國對國的關係。

一九一九年二月，協約國準備著手研擬對鄂圖曼的和談條約，卻遭威爾遜總統要求延期再議。威爾遜或許是想獲得更多關於近東地區的情報，也或許是顧慮美國國會的孤立主義。在延期的這段期間，由穆斯塔法・凱末爾（Mustafa Kemal）領導的土耳其民族主義運動登場，聲勢之浩大，取代了衰弱的伊斯坦堡政府。因威爾遜而延遲的對鄂圖曼和談，為亞美尼亞的命運造成了決定性的影響。

一九一九年夏，英國表明將自外高加索撤退，亞美尼亞已無外力支援。威爾遜為確認美國是否應對近東地區施行委任統治，派遣軍委員會前往調查。委員會雖造訪了土耳其、亞美尼亞、外高加索，但調查結果未發揮任何效用。一九二〇年八月，協約國與鄂圖曼帝國締結《色佛爾條約》（*Treaty of Sèvres*）。和約中亦載明承認亞美尼亞的獨立。

然而，在對抗凡爾賽體系這點上，列寧與凱末爾雙方緊密合作。翌月，凱末爾便在蘇俄協助下開始攻擊亞美尼亞。面對凱末爾的安卡拉政府軍與紅軍的進攻，亞美尼亞政府接受蘇維埃化，放棄權力。亞美尼亞國土大半被安卡拉政府軍占領。一九二一年三月，蘇俄與安卡拉政府締結《莫斯科條約》（*Treaty of Moscow*），確認雙方的友好關係，同時將舊亞美亞尼境內大部分土地割讓給土耳其。弗拉齊安在第二次世界大戰期間的一九四三年發表了記載這段事蹟的書籍。就如同許多經歷過一次大戰和俄國內戰的人，弗拉齊安認為，這些戰爭和第二次世界大戰直接相關。弗拉齊安在書中的序文裡引用《大西洋憲章》（*Atlantic Charter*），高聲疾呼民族權利。一次大戰、巴黎和會，以及俄國內戰的餘音，在這之後仍久久不絕於耳；直至今日，依然迴盪在世界的各個角落。

第二章　胎動中的巨大國家——美國

紀平英作

1 「戰後」世界的前景

一九一九年，巴黎和平會議

為結束第一次世界大戰而舉行的巴黎和平會議（一九一九年一月至六月，以下簡稱「巴黎和會」），吸引了多樣複雜的目光。不僅全世界的政治家，還有商界人士、知識分子，甚至工人和學生等各式各樣的一般民眾，紛紛透過所能掌握的情報網，推測巴黎的爭論和決定，思考他們在將來的戰後立足點。至於被拒於和談之外的戰敗國德國、奧地利還有革命國家蘇俄，他們的心情更是曲折。

和談細節的討論從一九一九年三月初開始，由威爾遜、勞合．喬治、克里蒙梭，美、英、法三國首腦率領的小型會議進行，實質決定由他們三人定奪。此外再加上義大利總理奧蘭多，這個被稱作「四人會議」的小型會議，是三十國參加的全體會議在大國主導下運作的權力象徵。然而，最初會將討論限縮在「四人會議」中進行，無非是這三大國首腦強烈意識到了來自世界各方的種種壓力，因而希望暫時將這些壓力阻絕在外。

第一次世界大戰的戰後秩序——種種錯綜複雜、糾葛對立的要求和運動，被封印在以《凡爾賽和約》為基礎而鑄成的凡爾賽體系之中。不過當前形塑出的新秩序，與其說是各方共識，還不如說是由法國的仇德心理，還有英國、義大利、日本等帝國的利害得失為優先所形成；因此無可避免，批判和抗議聲浪自和會結束前後便紛紛湧現。在中國，大戰期間日本利權的擴大導致反日情緒高漲，和會期間爆發了學生和市民抗議運動（五四運動）；受此影響，中國代表團在六月拒絕簽署《凡爾賽和約》。然而衝擊最大的是，在和約討論過程中扮演關鍵角色的美利堅合眾國（後續將視文脈，簡稱合眾國或美國），竟然拒絕批准《凡爾賽和約》。

第一次世界大戰帶來的變動，加速了世界的全球化，另一方面也在歐洲境內，以及亞洲、非洲等歐洲之外的地區掀起了前所未有的政治意識，或是民族和國家意識。這些意識變化雖經和談而暫時被堵住，然而世界結構本身卻已隱含了與過去性質相異的多重社會裂痕，還蘊藏了民族主義所引發的複雜且多樣對立。在這層意義上，戰後開始的一九一九年，是邁入二十世紀史的鮮明轉捩點。

本章論述的內容，是刻劃其中展現的利害衝突與民族主義矛盾，來檢視巴黎和會後一九二〇年代以美國為中心的跨大西洋地區，探尋戰後和平的政治、經濟或文化動態。美國與協約國，特別是與英法之間所展現甚至爆發的摩擦，將是論述的焦點（附帶一提，本章所引用的文獻史料，均彙整於書末史料和參考文獻，本文僅於括弧內註記引用資料的編號）。

採取跨大西洋觀點的近年研究

英國經濟學者約翰・凱因斯（John Maynard Keynes）在《凡爾賽和約》締結後立即發表了《和平的經濟後果》（一九一九年，史料⑬），強烈抨擊巴黎和會漠視歐洲的經濟形態，此舉只會加劇歐洲經濟的混亂。特別是他寫到，德國的賠款膨脹到極不合理的程度，不論從經濟角度或政治倫理觀點來看都是問題；要求德國履行鉅額賠償，對歐洲而言將會是自取滅亡。近年的研究不僅從歐洲的角度，也從美國亦牽涉其中的跨大西洋新觀點出發，重新檢視這位英國經濟學者的論述，討論促使《凡爾賽和約》修正的行動是如何發生的。

過去對於一九二〇年代的歐洲國際關係，大多僅以歐洲內部結構的角度進行分析，幾乎不曾將其視為跨大西洋的問題，也不曾就此觀點探討其中的動態關係。相較於此，近年來如亞當・圖澤（Adam Tooze）在二〇一四年出版的《大洪水》（*The Deluge*，文獻㉒）等研究，則將一九一九年美國明顯提升影響力這點視為世界結構的轉變，從更宏觀的視角來理解一九二〇年代的國際關係，提出許多新見解。這也說明了理解歷史的框架本身正在改變。基於這層意義，筆者想先參考圖澤和派屈克・科爾斯（Patrick O. Cohrs，文獻⑦）、扎拉・史坦納（Zara Steiner，文獻⑳）等人的研究，瀏覽他們的論點概要，並就此切入討論。

在巴黎和會中，德國被認為應對大戰的所有損害負起全部責任，並以此為由合理化相關求償，除要求德國放棄殖民地外，還削減了德國戰前領土的百分之十，由協約國占領萊茵蘭

(Rheinland)，並要求支付龐大賠款等等。可以說，和會要求由德國單方面擔起沉重的責任，這也是凱因斯對凡爾賽體系的批判重點。就連德國那些願意負擔一半戰爭責任、並承認德國戰敗的自由主義知識分子，面對法國在巴黎哄抬「超乎情理」的要求時，也感到忿忿不平。此事不只是凱因斯，勞合．喬治還有威爾遜都明白。圖斯等研究者便基於德、法持續對立的結構，對一次大戰後的歐洲政治發展提出以下的理解框架。

與法國保持距離的英美兩國，很早就留意到巴黎和會的討論容易流於片面；當時英美也有共識，要確保戰後秩序，就必須提出更具全球性且永續性的「調整」方案。設立國際聯盟，便是出於他們的「調整」考量而構思出來的討論新場域。只是當初由美國總統威爾遜起草的國際聯盟構想，太過堅持道德及法理上的統一理念，因而欠缺對歷史發展及現實的考量。一般認為美國之所以拒絕加入國聯，最主要就是威爾遜固執的政治理念將會束縛美國的自主性。

最後，在巴黎和會中摸索具體「調整」方向的人，是英國的現實主義政治家勞合．喬治。一九一九年三月下旬，他為了說服堅持分割德國、尤其是萊茵蘭地區的克里蒙梭，寫了一篇〈楓丹白露備忘錄〉(Fontainebleau Memorandum)，文中指出在大戰後已浮上檯面的大眾政治的重要性，闡釋正視民族主義是形塑戰後國際政治和經濟秩序不可回避之事，是一篇衡量巴黎和會重要性的文書。勞合．喬治坦言分割德國領土是不可能的（史料⑮，第四〇四至四〇九頁）。

即便如此，勞合．喬治最後為了說服法國，也只能提出由協約國駐紮萊茵蘭十五年這類的權宜之計，好讓會議達成結論。之後在一九二二年四月，勞合．喬治在義大利熱那亞籌劃了一場國際會議，將重新審視德國賠償的問題納入討論，並嘗試重建包含德國、甚至蘇俄在內的歐洲整體秩序。但由於法國態度強硬，再加上美國袖手旁觀等因素，導致會議受挫。

一九二一年五月，「賠償委員會」最終決定了德國背負的賠償總額：名目總額是一千三百二十億金馬克（Goldmark），實質總額則為六百四十億金馬克。戰後四年間包含實物在內，德國大約支付了七十一億金馬克的賠償，但到了一九二二年中，由於財政惡化，德國陷入無法償付的狀態。勞合・喬治一面向美國尋求協助，一面力圖在英國主導下展開歐洲戰後重建，但他所扮演的角色也只到這個階段為止。

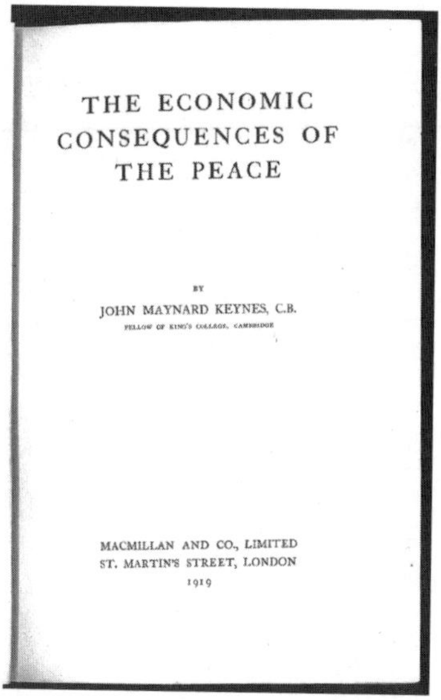
THE ECONOMIC
CONSEQUENCES OF
THE PEACE

BY
JOHN MAYNARD KEYNES, C.B.
FELLOW OF KING'S COLLEGE, CAMBRIDGE

MACMILLAN AND CO., LIMITED
ST. MARTIN'S STREET, LONDON
1919

圖 2-1　凱因斯《和平的經濟後果》（1919 年版）扉頁

該書相當著名，出版同時便在美國知識分子之間引發廣泛回響。

克服法國與比利時占領魯爾區的危機

以制裁德國拖延賠款為由，一九二三年一月，法國與比利時派軍占領魯爾區（Ruhr），讓德法之間的衝突再度重回戰時狀態，此舉重新點燃了歐洲危機。伴隨著德國經濟破產而來的中歐緊張局勢持續了一年，在這段期間，摸索如何重啟局面的，是繼勞合．喬治之後接掌英國的鮑德溫政權。近年的研究者雖也承續過往認識，認為英國重新參與歐洲戰後重建的一九二三年十月至一九二四年中，是一九二〇年代歐洲政治的轉機；但他們也以新的角度重新檢視了這場轉變。

在斯坦利．鮑德溫（Stanley Baldwin）展開行動之前，是由大戰期間曾服膺德意志帝國的領土合併主義者，在戰後也被認為右傾的古斯塔夫．施特雷澤曼（Gustav Stresemann），在德國威瑪共和的架構下開始摸索新的政治方向。施特雷澤曼先接洽美國，希望在西方協約國的協商合作下重建德國經濟；他以行動改變了德國的政治基礎。

呼應施特雷澤曼的行動，自拒絕批准《凡爾賽和約》以來一直表現出遠離歐洲政治態度的美國，在克服一九二三年的歐洲危機上扮演了關鍵角色。共和黨總統柯立芝（Calvin Coolidge）政府設法收拾因魯爾區被占而混亂不已的歐洲局勢，於一九二三年底正式採取行動。

同年十一月，美國國務卿查爾斯．休斯（Charles Evans Hughes）向協約國提議設置經濟專家委員會，以美國專家為中心，評估德國支付賠款的能力，試圖打破僵局。翌年初，由芝加哥銀行家查爾斯．道茲（Charles Dawes）等人組成的專家委員會，向「賠償委員會」提出由美國資金投資德國的德國支付賠償計畫案。而美國政府的首腦，尤其是休斯，也為了實現「道茲計畫」(Dawes Plan)，開始向英國和法國政府斡旋。近年的研究者將這件事視為一九二〇年代世界政治開始受美國影響的明確轉機。法國的愛德華·赫里歐(Edouard Herriot)政府強硬拒絕道茲計畫，為了說服法國政府，休斯自一九二四年春天起就低調透過摩根公司(J.P. Morgan & Co.)向法國提供資金。然而這件史實的重要性，過去卻往往被輕忽（文獻㉒，第四五八至四五九頁）。

一九二四年夏天的局勢轉換，即可視為這項行動獲致的成果。八月，在主要協約國出席的倫敦國際會議中，各國對美國政府和財經界制定的德國支付賠償制度達成共識，法國亦保證撤離占領魯爾區的駐軍。會議結果讓軍事上的緊張情勢逐漸平息，而以摩根公司為首的美國承銷團*的投資資金也自十月起湧入德國。就規模而言，至一九三〇年為止，以德國政府擔保債券（道茲債券）為主要投資的美國民間資本高達十二億八千萬美元。不僅是戰後歐洲經濟重建，就連德法關係也以這筆資金為基礎，獲得了轉換的契機。

由於德國同意繼續支付賠償，並就法國撤離魯爾區一事達成共識，故一九二五年十月英、德、法等西歐各國協議，同意簽訂以承認德國西側國界等為要旨的《羅加諾公約》(*Locarno Treaties*)，終於讓西歐局勢得以安定（一九二五年十二月於倫敦正式簽約，以下簡稱「羅加諾體系」）。雖然協約國在萊茵蘭仍留有駐軍，但若從《羅加諾公約》是由協助德國履行賠償的道茲計畫之實施而獲得

---

* Syndicate，由複數金融機構組成的臨時團體，目的是處理大型融資，譬如聯合貸款、包銷股票等等。

擔保一事看來，該協議固然是西歐國家在羅加諾達成共識才得以成立，但也意味著美國扮演了推動世界政治的保護者角色。而在不久後，美國又因《凱洛格—白里安公約》（*Kellogg-Briand Pact*，又稱巴黎非戰公約）的簽訂，對歐洲事務的參與進一步涉足了萊茵蘭的安全保障。

在法國，主張以穩健態度處理德國事務、並賭上政治生命與美國合作的阿里斯蒂德·白里安（Aristide Briand），他重返法國外交部長一職，對《羅加諾公約》協議過程相當重要。他設計出以德法協調合作為歐洲政治基調的羅加諾體系，並與以支撐羅加諾體系為目標的國際聯盟和美國攜手合作，顯示出羅加諾體系所具備的複雜性，不僅僅只是一個由英、法、德三國創造出的暫時安定局面。總體而言，近年的研究觀點認為，整個大西洋都希望西歐能回復安定，而當中最重要的是美國對德法互相讓步一事涉足甚深。

支撐羅加諾體系的大西洋世界的人與資金

隨著德國加入國際聯盟，一九二八年八月，距離參與世界政治只差一步的美國，向法國提議簽署《凱洛格—白里安公約》，呼籲各國放棄透過戰爭來解決國際爭端，並將軍事行動限定於防衛自身國土。在處理國際安全的問題上，這是一個相當美國式的回應。

同年，英、德、法（還有比利時、義大利、日本）於日內瓦達成共識，同意應就協約國仍駐軍萊茵蘭的問題及德國賠償問題做出明確的「最終調整」，以強化和平框架。按照協議結果，一年後將由美國主導削減德國賠款的「楊格計畫」（Young Plan），而法國同意較預定計畫提早五年撤出萊茵蘭駐軍。楊格的支付賠償計畫將德國的賠款總額定為三百五十八億金馬克，減少了約百分之二十，並分五十八年清償，以減輕德國負擔；前提是美國繼續投資德國公債，做為協助德國償付賠款的基礎。這大概也是關鍵所在。

沒有美國的參與，羅加諾體系不可能在一九二〇年代後半有所進展。這樣的事實從美國政府持續聘用顧問、商討維持與英、法、德的關係一事上可明確看出。譬如制定楊格計畫的歐文·楊格（Owen D. Young），他從道茲計畫草擬階段就以「非正式外交官」的身分前往歐洲。楊格是率領奇異公司（General Electric Company）和美國無線電公司（Radio Corporation of America）的美國經濟界要人，深受共和黨政權首腦信任，被委以處理對歐輸出的美國資本，實際上是代表美國政府辦事。除了建立德國支付賠償機構，它也是一九二五年恢復國際金本位制之前聯絡疏通的核心人物之一。

因此學者認為，總結來說，為了讓西歐各國在《羅加諾公約》下合作，美國所展開的行動帶起了新的國際結構，該體系具有以下傾向：許多國家皆樂見大戰後德國的共和政體追求民主，這也是為了對抗社會主義蘇俄。換言之，這份關心，也就是涵蓋中歐的新政治框架之摸索，是在美、英主導下開始形塑西方世界的行動；廣義而言，則是國際因素促使西歐和大西洋經濟體系擴大、重建資產階級政治經濟結構的行動。

美國的重要性，原就在其資本的絕對優勢。美國資本在一九二四年以後透過直接和間接投資方式滲透到西歐經濟的每一個角落，擔負起推動世界經濟的實質角色。表一可看到各地區和國家的概要，應當能顯示出美國壓倒性的存在感。

再加上近年研究亦指出，此時期在大西洋兩岸還有一個正逐漸生成的變化。學者認為，綜觀一九二〇年代西歐與美國的關係，除了將焦點放在美國經濟和政治影響力的擴大上，也應當注意社會和文化領域的變化。總而言之，即是「美國對歐洲的滲透」。早在一九二〇年代末，美國歷史學家查爾斯．比爾德（Charles Beard）便已指出：

大戰後，美國的觀光客結隊造訪整個歐洲，特別是德國和法國。不僅如此，在歐洲各地還可以看到好萊塢電影、爵士及舞蹈等大眾文化流行的狀況。那是歐洲鮮明的嶄新現象。（史料①）

最新的研究也注意到大西洋兩岸的資訊連結日益擴大，概括提出了以下結論：

在一九二〇年代的西歐、中歐各國，不論是新型態的產業投資，或是生產技術的革新等等，都帶有仿效美國的強烈傾向。擴大生產新的消費產品，特別是汽車的普及，還有加速鋪設新道路的汽車化（motorization）趨勢，皆是明顯追隨美國的作為。（文獻⑧，第六章）

	直接投資	有價證券投資			整體總額	占全世界比例(%)
		整體金額	政府擔保	民間		
全歐洲	1,468	3,461	2,567	894	4,929	31.4
法國	162	310	300	10	472	3.1
德國	244	1,177	801	376	1,421	9.1
義大利	121	280	171	109	401	2.6
英國	497	144	144	0	641	3.9
其他（奧地利、比利時、匈牙利、波蘭等）	444	1,550	1,151	399	1,994	13.1
非洲	115	3	3	0	118	0.7
全亞洲	420	603	447	156	1,023	6.5
日本	62	383	241	142	445	2.8
其他（中國、菲律賓等）	358	220	206	14	578	3.7
澳洲、紐西蘭	155	264	262	2	419	2.7
加拿大	2,047	1,893	1,270	623	3,942	25.2
全拉丁美洲（墨西哥、古巴、智利等）	3,634	1,610	1,575	35	5,244	33.5
全體總額					15,170	

表一　美國民間對外長期投資金額（1930 年 12 月／單位：百萬美元）

參考亞當・圖澤《大洪水》第 470 至 471 頁的表十三製成

大西洋世界的新構圖

若考慮圖斯等人所論述的大西洋兩岸的聯繫現象，我們便無法再採取傳統觀點，將一九二〇年代，特別是二〇年代後半的歐洲政治窄化為由英、法、德所形成的「相對安定」。實際上，歐洲在一次大戰後就已喪失了獨自動搖國際關係的能力，只得超越歐洲的框架，跨越遼闊的大西洋，加深與美國政治、經濟上的連結；而美國在這份逐漸萌芽的依賴關係中擁有無與倫比的力量。廣義而言，美國主導的國際結構，正逐漸改變包含德國在內的西歐國際關係樣貌，這是一九二〇年代的特徵。

儘管如此，一九二〇年代仍然僅是國際關係變化的萌芽期。若說此時期在歷史上有什麼特殊之處，那就是美國主導的國際結構無法融入歐洲的國際關係之中，引起許多摩擦，造成雙方不快。事實上，羅加諾體系的維持期間也不長。既然美國確實在建構歐洲戰後和平一事上涉入甚深，那麼歸根結柢，美國參與建構的一九二〇年代和平為何只能短暫維繫，或許是值得重新檢討的重要歷史課題。

在一九二七年出版《今日合眾國》(*Les Etats-Unis d'aujourd'hui*) 的法國社會學者安德烈．齊格弗里德 (André Siegfried)，即是精闢地寫出那段期間在歐洲鬱積的反美意識的其中一人：

> 美國確實是新的文明。除了學習它們產業組織的模式外，我們看來似乎別無其他倖存之道。但正因如此，美國的高關稅政策，導致難以抑制的不滿情緒在整個歐洲擴散。歸根結柢，問題就在於美國那種自我滿足的生存方式。（史料⑰）

美國歷史學家弗蘭克．科斯蒂利奧拉（Frank Costigliola）以「笨拙的支配（awkward dominion）」來形容一次大戰後美國與歐洲之間的連繫關係（文獻⑧）。要理解附著在一九二〇年代美國政治及社會的「笨拙」，並不容易。但筆者認為，姑且可以將它解釋成如下狀況：一九二〇年代的美國政治社會菁英試圖整合國內諸多民族和文化裂痕的不穩定階級關係、錯綜複雜的移民社會，還有優秀的經濟實力及與之相對的區域經濟落差等等，層層隱藏交疊的不公平現象；然而他們的嘗試卻在美國國內，還有國外，引發出各式各樣的摩擦衝突。

歷經一次大戰後，以國界為單位從事政治競合的民族國家，比十九世紀還要蓬勃，並逐漸成為全球化國際結構。只是不論在何處，民族國家在迂迴前進的同時，內部都必須經歷複雜的整合，縱使那只是促進語言或文化的統一。

一九二〇年代前半，美國共和黨政權下的菁英形成了一個新的權力集團，他們正摸索著如何駕馭矛盾衝突利害關係的政治文化。他們甚至懷抱著世界戰略，試圖在全球重建資本主義網絡，以對抗革命世界。這是美國這個巨大國家極端複雜的萌芽過程。美國在一戰後立即爆發的紅色恐慌(Red Scare)，以及拒絕批准《凡爾賽和約》，正說明了其中變化之劇烈。

接下來的章節將暫時回到一九一九年，讓我們來爬梳美國自一九二〇年代初開始的行動，和這些行動在歐洲引發的驚異與不滿。

2 歐洲眼中的美國

拒絕批准《凡爾賽和約》的衝擊

自巴黎和會結束五個月後的一九一九年十一月起，到一九二〇年三月為止，美國參議院曾兩度否決批准《凡爾賽和約》。此事在各國造成了巨大影響，特別是法國，更帶來了戲劇性的衝擊。我們就從法國的情況開始看起。

《凡爾賽和約》簽署翌日，《紐約時報》特派記者如此描寫結束巴黎和會、踏上歸國之路的威爾遜（一九一九年六月三十日）：

> 去年十二月，威爾遜抵達歐洲時，那些以彷彿注視著嶄新光輝迎接他的眼神，已蕩然無存。雖然如此，全巴黎仍對他表現出前所未有的深切關懷。巴黎民眾對美國總統為實現和平而展現出的領導力表達了感謝與讚賞。

其實，威爾遜在《凡爾賽和約》簽署當日（六月二十八日）早上，還先簽署了一份美法兩國之間的特別條約，即美法軍事安全條約：若德國出兵侵略，美國將會保護法國。巴黎市民對《凡爾賽和約》附帶的那份安全保障，表達了由衷的感謝之意。

只是後來又如何呢？五個月後，巴黎對威爾遜和美國的看法出現了一百八十度大逆轉。《紐約時報》栩栩如生地傳達了法國政界及巴黎市民的憤慨之情（來自當地的報導，一九一九年十一月二十一日）：

美國參議院拒絕批准和約（十一月十九日），讓當地人感到驚異與不安。雖有人期待下一個會期，但也無法否定當前在巴黎擴散的反美情緒。部分政治家甚至要求重新擬定和約內容。當然，大多人都認為不可能重擬和約。然而，這項要求的背後無非是懼怕；在和約達成共識之際，法國作出了許多犧牲，而今那些犧牲可能會全部白白浪費。

克里蒙梭主張將萊茵蘭自德國分割出來，否則就交由協約國永久占領。這項要求在一九一九年三月巴黎和會舉辦中期演變成可能導致和會觸礁的難題。勞合．喬治跟威爾遜花了一個月的時間，才擋下克里蒙梭的要求。兩人皆在四月中旬提出簽訂安全條約，表示若德國進攻法國，美國和英國將為法國而戰，藉此安撫克里蒙梭。也是在四月中旬，萊茵蘭問題獲得了妥協，由協約國軍隊駐紮十五年的限期駐軍方案來替代。

當然，就法國看來，美法安全條約（還有英法安全條約）是支撐大戰後和談的最基礎架構。可是到了十一月，美國參議院拒絕接受《凡爾賽和約》，這樣的決定不只意味著美國不會加入國際聯盟，也讓美法的安全保障構想化為烏有。美國參議院甚至根本未就巴黎簽署的美法安全條約進行審議。

威爾遜拙劣的政治領導能力令人難以理解，而美國參議院的國際道義意識淡薄——這種想法深深留在日後於法蘭西第三共和國具有影響力的民族主義者雷蒙·普恩加萊（Raymond Poincaré）等人的心中。不妨說，這是伴隨著反美意識而滋生的不信任感。一九二二年一月，普恩加萊重返法國總理之位，此後便決意無論遭受多少批判，法國都應該靠自己占領魯爾區。

英國的為難

美國拒絕批准合約一事，當然也在英國引發混亂。自巴黎歸國的勞合·喬治在一九一九年七月三日向英國國會說明了《凡爾賽和約》的議案及附帶的英法安全條約，要求國會批准（史料⑭）。英國下議院於七月下旬批准了這兩份在巴黎和會簽署的條約（但英法安全條約生效的前提，是美國必須批准美法安全條約）。於是，在八月中旬以前，除了美國，所有簽署《凡爾賽和約》的國家都已完成批准和約程序。

和約簽署流程逐步進行，到了秋末，美國卻拒絕批准，這對英國無疑是莫大的為難。耐人尋味的是，英國對待「大國」美國的態度迥異於法國，而這強烈束縛了英國日後的行動。面對美國，英國的對應中交織著獨特的慎重與不信任，這是整個一九二〇年代英國對美外交的主要態度。若考慮到英國在戰後尋求大英帝國的安定和確保世界大國地位的目標，這種矛盾心態也是情有可原，只是對執政者來說絕對不好受。不過這個部分容後再述，我們先來看看戰後當時的情況。

確定美國拒絕批准《凡爾賽和約》且不太可能出現轉圜，是在一九二〇年三月。以下將這段期間的（倫敦）《泰晤士報》社論，和當時該報華盛頓特派員阿爾伯特·威勒特送回倫敦的報導，按時序整理成三個階段。

(1)一九一九年十一月後半的報紙明顯受到衝擊，認為美國拒絕批准和約將根本改變戰後局勢。社論（十二月三日、十二月十日）說道：

主張設立國際聯盟對戰後和平是不可或缺的人，是威爾遜。國聯大概確實會成立，但我們卻面臨必須要在沒有美國參與的狀況下運作國聯。

(2)不過，在華盛頓收集消息的威勒特雖同意此事對英國造成衝擊，另一方面他也冷靜觀察了十一月後半，美國參議院投票拒絕批准和約的主要原因。他除了強調「對美國的責難無可避免，這個國家的一舉一動，對世界影響就是如此重大」之外，還進一步分析了美國社會的現狀：

美國輿論就對外問題的關注正急速淡去。戰爭結束後的物價上漲、勞工爭議擴大，以及煤炭不足等等，光是國內問題似乎已讓他們感到焦頭爛額。美國人對國外事務不再關心，或可視為是傳統孤立主義的復活，不想介入歐洲事務；但我們必須留意的是，他們對協約國的批判，亦與看待歐洲的嚴厲態度重疊。（〈被束之高閣的和平〉，十一月二十一日）

(3)進入一九二〇年之後，《泰晤士報》社論開始具體思考美國不批准《凡爾賽和約》、不加入國際聯盟的後續狀況：

國聯將不得不在美國未參加的情況下成立，英國應該會成為運作的核心。但就算美國身處國聯之外，其軍事與經濟仍在國際社會占有絕對優勢，此事不會改變。如何建構與美國的合作架構，是我們今後仍須持續面對的課題。（三月十日）

另一方面，在華盛頓的威勒特也更進一步預測了美國今後的動向：

美國不可能長期停滯於目前的僵局中。可以預期的是，美國即使不加入國聯，也遲早會展開行動，重新建構與歐洲及世界的關係。屆時，美國應該會主張自身行事的自由吧。為了那一刻的到來，我們必須做好充分的準備。（三月二十六日）

戰債償還問題的浮現

威勒特的預測，很快被一一證實。美國即使未加入國際聯盟，但它的存在對歐洲而言依然強大，並帶來巨大影響。自共和黨執政的一九二一年十一月起，美國總統沃倫·哈定（Warren

Harding）邀請了世界八大國來到華盛頓，不僅簽署美、英、法、日、義《華盛頓海軍條約》（*Washington Naval Treaty*，亦簡稱《五國公約》，限定五國海軍艦艇噸位和比例），還一口氣包攬處理所有關於東亞和太平洋戰後國際秩序形成的問題，當中甚至包括廢除英日同盟。而在那場華盛頓會議後，美國的對外戰略立刻瞄準了大西洋和歐洲問題。

華盛頓會議結束後三日，一九二二年二月九日，共和黨政府和美國國會為了讓過去美國政府在戰時提供給歐洲協約國的信用貸款，亦即所謂的「戰債」（war debts）完全償還，遂訂立〈債務清還條例〉（Debt Funding Act），並依條例設置「大戰外債委員會」（World War Foreign Debt Commission），以期與債務國締結償還協定。之後由參眾兩院代表與國務卿、財政部長和商務部長組成代表合眾國的最高決策委員會，負責與歐洲交涉（以下簡稱為「外債委員會」，並省略「戰債」的引號）。

〈債務清還條例〉所列出的歐洲各國負債總額，從參戰開始到停戰為止借出的款項一共為七十億七千七百萬美元，停戰後的重建資金為二十五億三千三百萬美元，最後再加上戰後用於救濟災民資金的貸款，總計是一百零三億五千萬美元。而在前一年的五月，協約國「賠償委員會」命令德國賠償的實質總額為六百四十億金馬克，換算成美元大約是一百五十億美元。若將其與戰債總額比較，簡言之，縱使德國支付了全部的賠償金額，協約國也必須將其中的三分之二用來支付積欠合眾國的債務。美國公開要求舊歐洲協約國償還的金額就是如此龐大。美國國會還附帶通過了償還期限二十五年，年息百分之四點二五以上的嚴格條件（文獻⑯）。

此事在各國造成巨大衝擊。就各債務國的負債金額，舉例來說，英國是四十四億兩千七百萬美元，法國是三十五億五十五萬美元，義大利是十七億九千三百萬美元，比利時是四億七百美元，其他還有俄國、南斯拉夫、羅馬尼亞、希臘等總計多達二十國。不過前面四國背負的債款占整體的百分之九十六，金額為一百零一億八十二萬美元。後續對整個歐洲政治造成巨大負擔的戰債問題，主要就是跟這四個國家有關。

以上就是美國提出的戰債內容，然而，這個問題實際上還包含了更複雜的國際關聯因素。英國除了背負積欠美國的四十四億多美元戰債外，在戰時也借給法國和其他國家約莫相等的金額。因此對英國來說，倘若美國要求嚴格執行戰債償還，那麼英國也不得不向法國與其他借款國家進行債權回收。勞合．喬治之所以在巴黎和會之後的一九二〇年八月，出於讓協約國順利重建的宗旨，向美國提出放棄全部戰債或減輕債務的意見，也是基於這個原因。也就是說，若美國能積極處理這項提議，英國也會考慮放棄本國債權。經濟學者凱因斯早在一九二〇年就提出如下論點：若要修正德國賠償問題，美國放棄戰債，就是其中必須解決的國際經濟核心議題。

可是一九二二年的美國國會，拒絕了有關該問題的一切討論，包括將戰債定位為國際問題的英國。不管是對哪一個國家，美國都要計算其欠下的戰債金額，要求各國還債。受此影響，英國也不得不在那年夏天表明立場，要求完全回收本國債權（八月一日，〈貝爾福照會〉〔Balfour Note〕，詳情後述）。

順帶一提，倘若加上英國表明回收的債權的話，最大的債務國就是法國。若將英美雙方的債務相加，法國的欠款高達約六十五億美元（對英國欠款五億九千九百萬英鎊，換算成美元則是二十八億美元）。這個沉重的負擔，是法國強硬要求德國支付賠償的重要原因之一。此事說明了，協約國之間的戰債問題與德國賠償問題，確實是相互關聯的國際問題。凱因斯日後強烈批判美國，認為國際經濟問題的病根即在於戰債。

開始交涉戰債償還協定

一九二二年春天起，在美國要求下，戰債償還協定的交涉工作開始。這時歐洲任何一個國家都還無力擺脫戰事開始重建，德國賠償支付亦尚無頭緒；然而美國仍堅持認為這一切與德國賠償問題無關，並在一九二三年一月底與英國達成美英償還協定，償還期限為六十二年，英國每年須償還的金額起初約一億六千萬美元，十年後調升為一億八千萬美元，負擔相當沉重。英國雖對協定強烈不滿，但最後仍於一九二三年開始償還。可是，美國與其他國家的交涉，無疑是困難重重。

其中最困難的是法國。一九二二年春，法國政府雖承認債務，但對外債委員會要求的償還條件表示難以應允，一直擺出拒絕交涉的姿態。但兩年後，一九二四年十二月道茲計畫實施之際，美國政府加速向法國施壓，商務部長赫伯特·胡佛（Herbert Hoover，後述）和財政部長安德魯·梅隆

（Andrew Mellon）強力要求與法國交涉。

這些柯立芝政府首長的計畫是，既然德國賠償的處理問題已有定案，那麼此刻也應該一口氣處理掉與協約國的戰債問題，讓償還步上軌道。他們也期望在美國主導下，回復國際金本位制與重建歐洲經濟。美國所持有的黃金約占全世界的四成，而且資本輸出能力及貿易能力皆占有絕對優勢。一九二〇年代中葉，美國的資本因道茲計畫流入德國，國際金融貿易轉趨活絡，此時正是重建世界經濟的大好時機。而各國重返金本位制，也代表著新「經濟霸權國家」美國的起飛。

一九二五年六月，法國在強大壓力下同意與美國交涉。包含戰後的利息，美國對法國提出的債權總額超過四十億美元。剛在毫無具體成果的情況下承諾自魯爾區撤軍的法國政府，面對美國告知的債務金額，只感到壓力如千斤頂，畢竟只是簡單加減計算，對美欠款就已占去了德國賠款總額的一半以上。儘管如此，法國外交部長白里安（一九二五年十一月起就任總理）仍沒有拒絕交涉的餘裕。在美國的資本流入德國、啟動中歐經濟重建的狀況下，法國也必須與美國合作藉以招攬資本，設法正式重建戰後經濟。那年秋天，以建構羅加諾體系為目標的白里安，為了復興法國並維持歐洲勢力均衡，斷然決定了新的政策，就是與美國開始交涉。

一九二六年四月，歷經重重困難後，美法戰債償還協定在華盛頓達成共識。如同表二中所彙整的，法國每年需償還的金額起初為三千萬美元，一九三七年以後提高到一億兩千五百萬美元，持續支付六十二年。但這樣的償還內容合乎現實嗎？不只負擔龐大，道德上也站不住腳，必然是法國屈服美國壓力所導致的結果。另一方面，美國在一九二五年到一九二六年中，也與比利時和義大利等主要債務國家締結了戰債償還協定，最後完成與南斯拉夫的協定後，外債委員會於一九二七年二月解散（文獻⑯）。就美方的立場來看，戰債問題在此時已劃下句點。

然而，自一九二六年春天起，全法國以至全歐洲的新聞界和群眾運動，均抗議並指責美國強硬的姿態，反美情緒爆發。就國際政治的立場來看，戰債問題尚未結束。

1926 至 1936 年	從 1926 年的 3000 萬美元起，到 1936 年的 9000 萬美元止，每年約增加 1000 萬美元
1926 至 1936 年	1 億 2500 萬美元（每年定額）
1987 年	1 億 1767 萬美元
合計支付金額	68 億 4767 萬 4104 美元

表二　美法戰債償還協定中，法國清償美國戰債的支付時程與每年支付金額（含利息）。
表格根據 Moulton and Pasvolsky, *War Debts and World Prosperity*, p.439 製作。

因為經濟委靡，自一九二六年春天起法郎暴跌，法國陷入極端嚴峻的財政危機。白里安政府期待儘速通過戰債償還協定，導入來自美國和英國的資本；為了解決國內通貨膨脹問題，政府也計畫緊縮財政，進行如增稅等財政改革。然而事與願違，白里安政府遭受來自左右兩派的強烈抨擊，聲望急速下跌。從七月到八月，在一片抗議他將法國賣給美國的謾罵聲浪中，白里安被迫下台，批准戰債償還協定的審議也被迫延期（七月十五日白里安下台，七月底普恩加萊組成國民聯盟政府，白里安轉任外交部長）。

國際政治經濟結構以第一次世界大戰為界，發生了變化。戰債償還交涉所觸發的反美情緒風暴，反映出了在該結構下，巨人美國與歐洲之間不對稱關係的縮影。正因為如此，才會觸動雙方的民族主義衝突。

法國政治就這樣在一九二六年的盛夏歷經了激烈動盪。之後，陷入貨幣危機而進退維谷的普恩加萊國民聯盟政府在實質上繼承了白里安的路線，總算是在一九二八年之前完成財政改革，並藉由美國資本的流入重振法郎。而自一九二六年起將戰債納入年度預算，開始支付還款，與美國的戰債償還協定也在一九二九年正式獲得批准。一九二〇年代後半的法國政壇，始終對於是否該與美國維持合作關係激烈論戰，持續不歇。這是羅加諾體系下的歐洲政治，以及跨大西洋關係所潛藏的衝突典型。

法國輿論的抗議

接下來先略微描述，一九二六年在法國因締結戰債償還協定而噴發的反美情緒。當時不分右左派所組織的反美運動，充滿了在法蘭西第三共和國經常可見的民族主義式演出。例如模仿莎翁劇作《威尼斯商人》（*The Merchant of Venice*），讓在戰場上負傷的愛國法國士兵們，對著扮成猶太商人夏洛克模樣無法無天的高利貸發出無言抗議，便是常見的題材類型。

七月初，法國退伍軍人協會為抗議美法戰債償還協定，企劃了示威遊行。遊行路線以凱旋門的無名戰士之墓為起點，走上香榭大道，行進到耶拿廣場（Place d'Iéna）的喬治・華盛頓（George

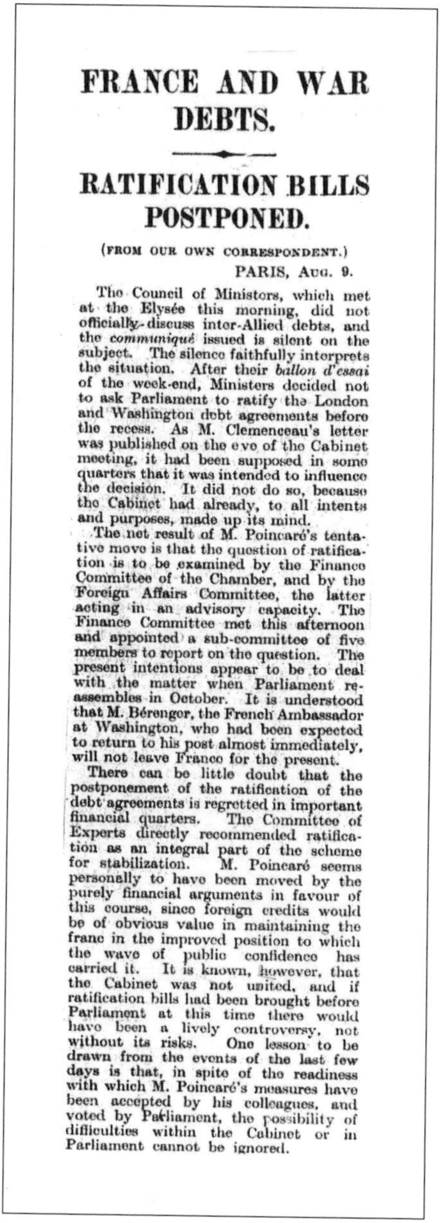

FRANCE AND WAR DEBTS.

RATIFICATION BILLS POSTPONED.

(FROM OUR OWN CORRESPONDENT.)

PARIS, Aug. 9.

The Council of Ministers, which met at the Elysée this morning, did not officially discuss inter-Allied debts, and the *communiqué* issued is silent on the subject. The silence faithfully interprets the situation. After their *ballon d'essai* of the week-end, Ministers decided not to ask Parliament to ratify the London and Washington debt agreements before the recess. As M. Clemenceau's letter was published on the eve of the Cabinet meeting, it had been supposed in some quarters that it was intended to influence the decision. It did not do so, because the Cabinet had already, to all intents and purposes, made up its mind.

The net result of M. Poincaré's tentative move is that the question of ratification is to be examined by the Finance Committee of the Chamber, and by the Foreign Affairs Committee, the latter acting in an advisory capacity. The Finance Committee met this afternoon and appointed a sub-committee of five members to report on the question. The present intentions appear to be to deal with the matter when Parliament reassembles in October. It is understood that M. Bérenger, the French Ambassador at Washington, who had been expected to return to his post almost immediately, will not leave France for the present.

There can be little doubt that the postponement of the ratification of the debt agreements is regretted in important financial quarters. The Committee of Experts directly recommended ratification as an integral part of the scheme for stabilization. M. Poincaré seems personally to have been moved by the purely financial arguments in favour of this course, since foreign credits would be of obvious value in maintaining the franc in the improved position to which the wave of public confidence has carried it. It is known, however, that the Cabinet was not united, and if ratification bills had been brought before Parliament at this time there would have been a lively controversy, not without its risks. One lesson to be drawn from the events of the last few days is that, in spite of the readiness with which M. Poincaré's measures have been accepted by his colleagues, and voted by Parliament, the possibility of difficulties within the Cabinet or in Parliament cannot be ignored.

圖 2-2　法國國會動向（倫敦《泰晤士報》1926 年 8 月 10 日）

法國國會在 1926 年 8 月 9 日推遲通過美法戰債償還協定。倫敦《泰晤士報》在 1926 年 8 月 10 日的報紙上刊登了該協定遭法國國會推遲批准的報導。《泰晤士報》自當年 5 月起，就持續關注法國的財政危機，以及輿論看待美法戰債償還協定的態度；不過對於 8 月 9 日的批准推遲，為避免引起不必要的混亂，採取較為冷靜的報導角度。

Washington）雕像前。美國強硬要求償還的戰債，是在大戰期間提供給協約國士兵的糧食、武器和衣物資金；另一方面，我們法國士兵卻為戰爭貢獻了生命。這場舉辦於七月十一日的兩萬人街頭抗議遊行，有著不容任何人介入的莊嚴肅穆，原本打算禁止遊行的當局也只能放行。

七月下旬，巴黎市中心歌劇院附近一輛載著美國觀光客的巴士突然遭群眾襲擊。類似的反美暴動，也發生在比利時等法國以外的國家和城市。當時歐洲的反美情緒，已發展到連美國政府都得出面設法緩和的程度（〈柯立芝總統提醒美國旅行者留心〉《紐約時報》一九二六年七月二十八日）。

邱吉爾對合眾國的批判

自一九二六年起，英國下議院及內閣也開始研議與協約國各國的戰債問題，氣氛相當緊繃。最耐人尋味的，大概就是一九二六年春天在下議院的議論。英國政府計畫自該年初起，就英國名下的戰債，與法國和其他國家締結償還協定。一九二〇年開始，英國便不斷表示，歐洲和平的關鍵在於德國賠償與戰債這兩個懸而未決的大問題上。德國賠償問題已大致摸索出方向，而在美國不斷施壓戰債問題之下，英國也不得不開始回收自己的債權。

一九二六年三月二十四日，英國下議院不斷質疑英法戰債償還的交涉，而將議論矛頭指向美國的，是財政大臣溫斯頓．邱吉爾。他的發言就英國政府首長的立場來說，可謂是異常大膽。內容頗長，簡單歸納如下（根據三月二十四日的討論，史料⑤）。

如果，美國考慮全面處理協約國的戰債，包含放棄請求權在內，那麼英國也會樂意配合行動，英國早已表明為尋求戰後協約國的安定，願意放棄自身持有的戰債（英國政府於一九二二年八月發出的正式聲明，通稱〈貝爾福照會〉）。但現在美國堅持要求各國償還戰債，故英國政府為維護自身利益，也必須主張請求權。

戰債問題會演變到像今日這般嚴重，根本原因在於美國從戰後一貫的立場。對此，我們的意見可簡單歸納為以下兩點。首先，造成問題的戰債，與一般的商業債務性質截然不同，對於在共同遂行戰爭的過程中獻上士兵生命的我們，美國則扮演分擔經費的角色，提供購入士兵的糧食、衣物，還有彈藥之類的資金。故而，戰後應基於政治上的考量放棄或削減戰債，這是我們從一開始就抱持的立場，這點迄今也依然不變。

還有第二個嚴重的問題，也就是美國滴水不漏地向各國要求償債，所造成的結果。美國回收的戰債總額，事實上將高達我們協約國應當從德國收到的賠償總額約百分之六十。這讓德國的賠款根本不會進到我們的口袋。長此以往，而今已相當困難的歐洲經濟重建，今後大概將會更加嚴峻。

邱吉爾對美國這番詞鋒犀利的批判，自然引發了國際性的迴響。而自一九二六年春天起，對美法戰債償還協定的抗議越演越烈，美國政府便以財政部長梅隆之名，於七月發表了關於戰債的正式聲明（〈歐洲戰債問題，梅隆部長的聲明〉《紐約時報》七月十九日）。美國政府發表聲明應是為了緩和事態，但聲明的內容卻是沿襲過去一貫的見解，甚至還在言辭之間指名批評謀劃削減戰債的英國及法國。梅隆的聲明並未展現美方在戰債問題上讓步的意圖，反而是火上加油。

英國方面，雖然不得不在如此僵局中維護美英關係，但不滿情緒卻未消失。之後，表現最直接的還是保守黨的邱吉爾。下面就引用他的指責，為本節小結。在爆發戰債危機的兩年後，一九二八年十一月，英國內閣就近來英美限制海軍軍備一事展開論戰，邱吉爾大力攻訐外交部竟然因為顧慮美國、倡議與美國合作的〈克雷吉備忘錄〉(Memorandum by Mr. Craigie)。他發表了激烈論述：

> 我們自一九一九年以來就不斷接受美國的主張。然而就算我們做出如此讓步，卻不曾從美國那邊得到任何回報。在華盛頓會議上，我們同意廢除英日同盟，但從做為交換的條約當中卻沒得到任何值得一提的利益。關於戰債問題，美國甚至不考慮我國的意見。英國不應以宛如諂媚大國的方式與美國往來。倘若事關大英帝國的地位與防衛，就應當明確主張我們的立場。美國雖然巨大，但那樣的往來模式必須重新調整。（〈邱吉爾備忘錄〉摘要，史料④）

自一次大戰爆發以來，英國始終抱持與美國協調合作的基本路線，在尊重美國的看法與意願下，維繫大英帝國的紐帶及國際政治上的帝國權威。然而，邱吉爾的備忘錄清楚傳達出了，對英國而言，一九二〇年代的美國已經逐漸變成一個再平常不過的鄰國。

只是，若仔細分析這一點，就會發現一九二〇年代的美國社會、經濟及政治，本身就處於巨大的變動裡，美國的領導者也身處那個變動的漩渦中。他們必須將注意力放在國內，根本沒有餘裕顧慮到對周遭國家造成的不快。一九二〇年，前文提到的英國記者威勒特就已切身感受這點。既然這是美國內部的變動，我們就只能從合眾國內部來檢視問題的實際狀況。自下一節起，將透過美國國內政治社會的變遷，以及共和黨政治的樣貌，描述在內部所展現與爆發的民族主義思想與行動。其中，美國發生了波濤洶湧的激烈變化。

3 限制移民的國家

「純粹的美國主義」

「切斷與歐洲之間的聯繫，是我國國民的原點。對大西洋的彼方尚存思念的居民，我們不可將其視為合眾國國民。」（西奧多·羅斯福，一九一九年）。*自一次大戰期間起到一九二〇年代，

* Theodore Roosevelt，美國第二十六任總統，中文世界常稱他為「老羅斯福」。

美國湧現了一股被稱作「純粹的美國主義」（One-hundred Percent Americanism）的強烈民族主義浪潮。一九一四年以後，前所未見的愛國熱潮與猛烈的民族自決意識在歐洲爆發，這也帶給美國必然的強烈影響。

以一戰為契機，掀起滔天巨浪的美國民族主義（American nationalism），其最大特徵是要求國民捨棄身為移民的過去，以及移民社會的多樣性。國民必須對美國徹底忠誠，因此，維持與歐洲的聯繫便受到鄙棄。一九一四年後湧現的美國民族主義運動，束縛性之強，除了南北戰爭期間外，遠遠勝過在這個國家曾經興起的任何民族主義，而且無可避免地具有對外攻擊性。

因此，在一九二〇年代前半，美國變成了限制移民的國家。以下將談到美國立法通過限制移民的過程，第四節則會說明這個限制移民國家的新政治和社會觀是如何整合的。

就讓我們先從表三的數據切入，從一九〇一年至一九三一年為止的美國移民人數變化開始談起。自首列至表中第一道橫線的一九一四年為止，是美國移民史上移入規模最大的時期。

這些數字還表示出一個相當顯著的事實：到一九一四年為止，進入美國的移民，大半來自「南歐、東歐、中歐」（不含德國出身者），而他們正是不久後立法限制移入美國的對象。另一方面，亞裔移民早自一九〇八年起就開始銳減，這是為了阻絕日本移民，美日間簽訂《紳士協約》（*Gentlemen's Agreement of 1907*）所帶來的結果。美國的限制移民運動，實際上是以一八八二年的《排華法案》（*Chinese Exclusion Act*）為開端，早在一戰前就已行之有年。雖然如此，但直至一九一四年為止，美國的工業化吸引了大量來自歐洲農村和偏鄉地區的工人，因此移入美國的人數

年	總人數	歐洲總計	南歐、東歐、中歐（不含德國）	亞洲	南北美洲
1901	487,918	469,237	231,127	13,593	4,416
1902	648,743	619,068	480,368	22,271	6,698
1903	857,046	814,507	610,818	29,966	11,023
1904	812,870	767,933	550,546	26,186	16,420
1905	1,026,499	974,273	693,247	23,925	25,217
1906	1,100,735	1,018,365	802,550	22,300	24,613
1907	1,285,349	1,199,566	971,715	40,524	41,762
1908	781,870	691,901	513,860	28,365	59,997
1909	751,786	654,875	507,257	12,904	82,208
1910	1,041,570	926,291	724,093	23,533	89,534
1911	878,587	764,757	562,366	17,428	94,364
1912	838,172	718,875	557,585	21,449	95,926
1913	1,197,892	1,055,855	872,969	35,358	103,907
1914	1,218,480	1,058,391	894,258	34,273	122,695
1915	326,700	197,919	118,719	15,211	111,206
1916	298,826	145,699	94,644	13,204	137,424
1917	295,403	133,083	94,583	12,756	147,779
1918	110,618	31,063	18,117	12,701	65,418
1919	141,132	24,627	6,588	12,674	102,286
1920	430,001	246,295	159,297	17,505	162,666
1921	805,228	625,364	513,813	25,034	124,118
1922	309,556	216,385	136,948	14,263	77,448
1923	522,919	307,920	117,453	13,705	199,972
1924	706,896	364,339	160,993	22,065	318,855
1925	294,314	148,366	18,417	3,578	141,496
1926	304,488	155,562	29,125	3,413	144,393
1927	335,175	168,368	41,647	3,669	161,872
1928	307,255	158,513	42,246	3,380	144,281
1929	279,678	158,598	44,129	3,758	116,177
1930	241,700	147,438	50,320	4,535	88,104
1931	97,139	61,909	27,529	3,345	30,816

表三　每年移入美國移民人數（總數與地區分布／單位：人）

根據《美國歷史統計——殖民時代至 1957 年》，GPO，1961，第 56 頁製作。

仍持續大幅增加，呈現爆發式成長。

然而，變化驟然降臨。如同表中所顯示的，自大戰爆發的一九一五年以後，移民突然大量減少。特別是出身「南歐、東歐、中歐」的人們，由於其母國和各地大規模施行的戰時體制，再加上戰時民族主義的束縛，出國變得相當困難。

歐洲的變動，也為美國帶來了徹底的變化。從一九一五年開始，儘管移民人數驟減，但由於歐洲大戰所創造的需求增加，美國經濟蓬勃發展，在經濟成長推波助瀾下，美國湧現出一股認為此刻無需增加不穩定新人口的聲浪及歧視觀念。為了安定，美國社會不需要更多高犯罪率、低文化水準，而且只會製造貧民窟的移民——這類拒絕移民的理由，從一開始就帶有政治性質，並將應有的社會秩序與國家論述結合，特徵即是要阻絕來自歐洲的影響。

當大戰結束，新移民人數再度上升，阻止外國人口移入美國的風向突然政治化。一九一九年六月，《紐約時報》刊載了一篇題為〈移民〉的社論：

日前，參議院提出了一項法案，主旨是在今後五年內全面禁止移民，並加強對已入境合眾國的外國移民（尚未取得公民權的移民）監控。我們基於以下理由支持這項法案。合眾國在這二十多年來，於社會底層接納了不懂英文，二十至三十種母語的人們。今日在他們居住的城市貧民窟中，那些否定合眾國憲法、公然宣言要破壞社會經濟的人們恣意妄為。合眾國將不再是那類移民或外國人的避難所。我們必須處理的重要問題，是要讓已經入境、如同散沙般的小歐洲人脫胎換骨，成為美國人（六月九日社論。另在二十世紀初期的移民中，有超過半數入境美國超過十年以上，但未申請公民權）。

《紐約時報》的社論也暗示了一個事實：歷經一次大戰，不僅是標榜美國主義的保守集團，就連以國民整合為目標的改革派自由主義知識分子之中，也有部分人士逐漸開始擁抱限制移民的論點。後者甚至包括創刊於一戰爆發初期，頗具代表性的自由主義雜誌《新共和》（*The New Republic*）相關人士。與赫伯特・克羅利（Herbert Croly）共同創辦該雜誌的編輯沃爾特・韋爾（Walter Weyl），就是從標榜社會改革的進步主義立場，轉為主張限制移民的人士之一。他有一篇以〈新美國人〉（New Americans）為標題的社論：

> 這四分之一世紀，我們接納了高達兩千萬餘名擁有不同語言和文化的移民，結果，別說是形成一個完整的社會了，而今的社會狀態反倒更類似一張以色彩繁雜且不協調的絲線縫合成的巨大掛毯。今日的美國社會日趨階層化，程度更甚以往，儼然如同日常生活或教育上皆無共通之處的人們東一塊西一塊拼湊而成般。在極端講求速度的社會，壓榨勞工、用過即丟的即時性，甚至讓維持這個國家最基本的勞動條件都成為難事。為了防止階層化發展到讓社會變得醜陋的地步，為了回復國家文化意識與公民的共同意識，限制移民無疑是一個方法。（史料⑱）

推動移民限制法令

一九一九年，自大戰前便態度強硬、全面限制日本移民的美國西岸華盛頓州共和黨眾議員艾伯特．強生（Albert Johnson），率先在眾議院推動限制移民的法令。他是眾議院移民事務委員會主席，自一九一九年以後不再只針對亞裔移民，而是以全面限制移民為目標，與參議院移民事務委員會主席威廉．迪林漢姆（William Dillingham）共同領導美國國會。

一九二一年二月，共和黨在前一年總統大選及參眾兩院的選舉中皆大獲全勝，預定就任副總統的柯立芝寄了篇標題為〈這是誰的國家？〉（Whose Country is This?）的聳動文章給某家流行雜誌，約略提到了共和黨所宣揚的民族主義（柯立芝於一九二三年就任總統）：

> 不願同化、帶有反抗心態的移民，尤其是南歐和東歐裔移民，是腐蝕我們社會的危險主因。……不論出於任何情感因素，也有絕對不容漠視的種族原則。生物學告訴我們，不同譜系的民族和國民絕不允許參雜、混合。以盎格魯－撒克遜人為中心，被稱為北歐人的西北歐裔民族，成功攀上了社會頂層。……就維持精神與肉體品質的觀點，還有就創造更好社會的觀點而言，不應僅是透過立法限制移民，而是應在法案中導入種族原則，這點對我國具有無可取代的重要性。（史料⑥）

排斥移民運動之所以擴大，是因為有農業地區、保守的南方，還有都市中產階級為支持基礎，執政黨共和黨也以移民歧視論做為基本方針，大力鼓吹。一九二一年五月，美國國會先以臨時法通過了最早限制移民數量的法律（緊急配額法令，*Emergency Quota Act*），該法並未全面禁止移民，而是設定移民人數上限的限制性法律。最大的特徵，就是由合眾國單方面根據出身國，也就是採取「國別配額」(national origins quota) 方式，限制進入美國的移民人數。一九二一年四月十九日，國務卿休斯以行政機關的立場向國會傳達了訊息，強調選擇與限制移民的急迫性，主旨如下：

> 來自羅馬尼亞、俄羅斯高加索，還有波蘭、拉脫維亞、立陶宛等波羅的海國家的大批猶太人，正在向合眾國申請入境簽證，數量如今多達六十萬人。他們原本住在母國的城市貧民窟，只是築巢在社會底層的「不受歡迎人物」，不具備成為未來美國公民的素質。為了拒絕來自這類地區者的申請，行政機關懇切盼望早日通過移民限制法令。
>
> ——〈休斯，要求嚴格禁止移民〉《紐約時報》一九二一年四月二十日

一九二一年移民限制法令所採取的「國別配額」，是根據人口普查（一九二一年法是根據時間最近的一九一〇年普查）資料，按民族別統計美國境內歐裔居民當中於國外出生者的人口數，該數字的百分之三即為對應國家的移民配額。分配給各國的移民人數，合計共三十五萬四千多人，即全年度可進入美國的移民人數上限。移民申請人數已逐漸稀少的英國，配得名額共七萬七千人；另一方面，預測申請人數將於近期急遽增加的南歐和東歐裔，如羅馬尼亞的移民配額，則緊縮為

一千九百七十七人。這樣的現象暗示了「國別配額」所隱含的意圖。

還有一點值得一提，在一九二一年法案訂定過程中並未對西半球，也就是南北美洲的移民施加限制。一次大戰後美國的民族主義，排斥來自亞洲，特別是被看成鄉下劣等人的南歐和東歐移民，稱他們是「不受歡迎人物」，企圖藉此維持都市的社會秩序。但另一方面，來自墨西哥等地、出入頻繁的低薪農業移工，則被認為是西部和南方鄉村社會的必要存在，故不構成問題。這是此時期的特殊邏輯。

一九二四年通過移民限制法令

一九二三年底到一九二四年春，政府公布了進一步削減南歐和東歐各國移民配額的「新方式」，限制移民運動進入最終階段，也就是制定永久性法令，該法於一九二四年五月通過國會審查後成立。*

所謂「新方式」，並不是如一九二一年臨時法令那般，採用一九一〇年人口普查資料做為計算移民配額的基礎數據，而是再往前回溯二十年，以一八九〇年人口普查的歐裔外國出生人口做為基準，並以其百分之二做為分配給各國的移民額度。法令的意圖非常明確。根據新法令，南歐和東歐的移民人數將進一步減少，而西歐各國的移民配額則與以往相當。由於比例降為百分之二，來自歐洲的移民總數也壓低到一年約十五萬人左右，也讓法令完全排除來自東亞的移民（這也是該法被稱作《排亞法案》的理由）。

讓我們回頭對照表三。以第二道橫線區分的一九二二年以後，美國移民限制所帶來的影響，也清楚反映在國際上。移民已經不再是可以在國際間自由移動的勞動力，而是被定位為必須受到限縮並加以管理的存在。

一九二四年移民法訂立的最後階段，改以更早的一八九〇年人口普查數據做為歐洲移民配額的基準，這點引發了爭議，認為該做法簡直是刻意藐視法律。因此在一九二七年後增加了新規定，除將年度入境移民總額定為十五萬人以外，又根據最近的一九二〇年人口普查計算出的國民出身民族比率，重新調整各國移民配額。這項修正無疑是希望消除某種法律上的污點，但也是出自實際判斷：計算方式調整後的結果也只對英裔移民有利，配額比率幾乎不變，並維持對南歐和東歐移民數的徹底縮減（《紐約時報》一九二四年五月二十八日）。

如此，美國便轉變成為限制移民的國家。加上經濟大蕭條的影響，一九三一年的移民人數僅九萬多人，來自南歐和東歐的移民也僅占兩萬七千人，其中大多數是已有家人在合眾國者（二十世紀後半，特別是一九八〇年代後，進入美國的移民再度增加，但該變化是由截然不同於本章提及的政治社會背景所致）。

＊ 二十六日，此即《移民法》（*Immigration Act of 1924*），該法案包括按國別配額並限定移民人數上限的《來源國法》（*National Origins Act*），以及排斥亞洲國家移民的特別條款《排亞法案》（*Asian Exclusion Act*）。後者在日本又常被稱為《排日移民法令》。

4 共和黨政府打造秩序的理論

美國都市社會的變貌

將自己置於頂點，認定其他民族在政治、經濟、軍事及文化上都比較劣等，這種「民族」文化意識並非美國社會獨有。但在美國的例子裡，這種文化意識卻因移民造成的社會摩擦而漸趨尖銳，甚至在國內引發強烈的美國化（強制同化）運動。這股運動結合自二十世紀初萌生的種族主義，大肆讚揚西歐與北歐裔白種人具有優秀遺傳因子，另外也展現強烈的文化及宗教性，視新教教義為最根本的價值。

從一戰起至一九二〇年代後半，這波美國化浪潮的具體事例，包括要求在中學及高中徹底實施國語（英語）教育，同時加強私立天主教學校的管理或乾脆停止補助。此外，也傾向厭惡並意圖打壓少數民族的文化獨立性。這些運動背後都有地方權貴的草根性組織支持，推動政治宣傳以影響政府決策。其中最鮮明的，是一九二〇年代初的「三K黨」（Ku Klux Klan）。他們主張美國「傳統價值」至上，標榜反天主教和反猶主義。雖未演變至全國性組織，但他們持續活動了約莫十年，在北方城市更是異常猖獗。

一九一九年通過、一九二〇年開始實施的《禁酒令》（*National Prohibition Act*）也要求下層勞工勤勉和節制，發起禁止酒館（廉價酒吧）運動。雖然賣酒行為轉入地下，難以全面禁絕，但對一九二〇年代的都市社會而言，這仍是建立社會秩序的重要措施。

這些美國化運動的對象，是居住在北部到中西部城市地區的南歐與東歐裔移工及家屬。面對這些加諸其上的壓力，他們如何摸索出生存之道？總體看來，這些移民所形成的社會階層，人數在不久後將會占美國都市人口逾半數，他們如何面對美國化的壓力，對之後的美國都市社會樣貌的形成影響重大。以下就來簡單談談這些移民們的情況。

各族裔移民在大都市居住區以母語出版的非英文報紙刊物，據說一時間曾出現超過二十種以上的刊行語言。這類所謂的民族報（Ethnic paper）在一九二〇年代後半銳減，申請公民權的移民人數也在此時驟增，這些應該都是顯示移民們如何求生的重要指標。近年有部分研究者指出，強調他們與同時期在北部都市增加的黑人群體不同；他們具有白人移民群體的特徵，開始傾向爭取某種類似於美國白人公民的中間地位。不過，我們仍然不能以偏概全，只能姑且指出有此一說。

圖 2-3　三 K 黨（1926 年）
1926 年，在首都華盛頓主要街道賓夕法尼亞大道上遊行的三 K 黨成員。1920 年代的他們鼓吹美國的純粹性，維護美國價值。雖然戴著頭巾，但已經不再是過去的那種蒙面組織。

無論如何，對移民群體而言，居住在特定的都市區域，是維持民族整體感的基礎，但隨著進入美國的移民數量銳減，居住區域的景觀也必然逐漸改變。譬如在移民社群裡，除了民族特色食品外，漢堡之類的食品也逐漸增加。然而意義最重大的，是一九二〇年代廉價家電和消費品開始在美國社會全面普及化，這類新的生活便利商品也開始在都市底層流通。即使不情願，英語播送的廣播節目，也必然會培養移民區去關注美國特有的都市文化。還有電影的普及、觀賞棒球比賽等等，這些都是幫助「整合」的新文化裝置。一九二〇年代後半，電影明星查理．卓別林（Charles Chaplin）及紐約洋基隊（New York Yankees）就風靡了移民社群，並逐漸扎根為都市文化的一部分。

只是這類移民們的社會參與，並非僅是單純與社會融合，更有促使美國社會朝向多元發展的傾向；比如，少數民族集團擁有獨特的文化號召力，在經濟大蕭條時加入工人運動，成為大量產業工會運動的行動主體。他們要求更合理的薪資、穩定的僱傭型態，還有對生活的保障等等。在經濟大蕭條及「新政」（New Deal，後述）推行的一九三〇年代，是這群移工家庭對生活的訴求，貫穿並支撐起狂飆的工人運動。

在無孔不入的消費文化滲透下，隨之而來的移民「整合」，必然會對美國政治的邏輯，特別是兩大黨的方向造成決定性影響。移工家庭很快就出現了要求宗教和文化自由的呼聲，嘗試做出回應的，是一九二〇年代的少數黨民主黨。從那個時期起，民主黨開始建立支持城市工人運動的基礎，而該黨強調美國社會的文化多元性，在經濟上主張公正財富分配的政黨色彩也進一步強化。這些形成了民主黨在一九三〇年代提倡「新政」的新思想基礎。

一九二〇年代初，共和黨身為美國化運動的激進派推動者，也無法忽視局勢變化。隨著都市社會發展，特別是經濟的成長，他們從一個只談論強制同化的政黨，蛻變成以掌握都市中產階級到一般大眾為目標的保守政黨，擬定新的政治策略。身為執政黨，他們提出的政策方針是對內推行美國化運動，對外採取美國民族主義，兩者結合，不斷誇耀偉大美國的「整合」論。本節最後所要檢視的，就是共和黨在該論點下，於一九二〇年代策略性提出的政治和社會美國主義。

亨利・福特闡述的「我的人生」

在一九二〇年選舉奪回政權的共和黨，趁機推出兩位強力鼓吹美國的強大、甚至近乎偏執的英雄。一位是成功大量生產福特T型車的世界級企業家亨利・福特（Henry Ford），還有一位則是以肩負一九二〇年代美國政治和外交事務而嶄露頭角的商務部長赫伯特・胡佛。

以底特律為據點的福特公司，在一九一四年初設計出劃時代的移動生產線工廠，之後擴大事業規模，一九二五年光是在美國國內就製造出兩百萬餘輛汽車。而在四分之一世紀前的一九〇〇年，當時全美汽車登記數量只有八千輛。此後，汽車登記數量在一九二一年超過一千萬輛，四年後的一九二五年則破天荒高達兩千萬輛。過去供馬車使用的道路快速擴張、舖設，不論都市或農村，皆朝向以汽車連結全國的汽車化發展。成為福特人，以及鼓吹福特主義（Fordism）的言論，與當時的交通革命一同成為共和黨的後盾，向全國的每個角落宣傳，成為一九二〇年代美國政治思想的重要一環。

成為時代寵兒的福特，於一九二二年出版了自傳《我的人生與工作》(*My Life and Work*)，他在書中闡述了自身的經營理念與社會思想：

> 透過勞動來養活家人、一步一步提升生活品質，正是美國社會的基本倫理；正是這種「自由的勞動」和勤勉的生活方式，支撐著我們的社會。資本所組織的商業經營，也立足在相同的倫理基礎上，所謂的資本獲利一向只是其次。為這個國家眾多的人民提供更價廉物美的商品，這種「服務」，才是真正的目的。為社會的富裕「服務」的商業經營，也會關心勤奮工作的勞工薪資。我們福特公司在一九一四年起實施一天五美元的高薪，現在開出的日薪是六美元。我們所實踐的「合理薪資」，並非是過去的企業家那宛如「施捨」般的薪資，而是在擴大經營的同時，以薪資為基礎，讓勞工實現更加富足生活的思想。（史料⑨）

福特出生在美國中西部的農場，從一名小小的農業機械學徒白手起家。他侃侃而談的「自由的勞動」與「服務」商業倫理，無非是十九世紀以來美國北部社會既有的基本倫理思想。根據自己的意願工作，經由勤奮工作獲取高薪——福特以這種傳統美國公民形象為核心，融入他的社會論述，實際上也是在闡述有組織有管理的資本，就等於經營、等於商業，而且將會創造出保證美國繁榮的大量生產和大量消費。這也是頌揚新商業模式的美國主義論點。

圖 2-4 上　亨利・福特

圖 2-4 下　福特 T 型車
福特開發的大量生產和移動生產線作業方式，T 型車正是其象徵。

福特說不需要公會。就算沒有那種東西，勞工的薪資還是會提升，而且美國企業也開始關心勞工健康和福利，更甚以往；最重要的是，在這個國家，商業與國民的存在，無非就是齊心協力共同為國家富裕奉獻。部分歐洲知識分子對於福特主義，尤其是重複單調勞動的產線生產方式，表現出近乎厭惡的感受。前文引用齊格弗里德的《今日合眾國》批判美國文明的論述，正是在這樣的背景下，被許多人們傳閱。

儘管如此，從歐洲前來觀摩福特生產系統的考察團，還是絡繹不絕地造訪底特律。其中還包含了社會主義國家蘇聯的專業技術團隊，這件事值得一提。

赫伯特·胡佛的綜合構想

倘若福特觸及了傳統的美國公民形象，那麼胡佛就是試圖藉由全國性廣泛「合作」*的新政治思維，將大量生產的商業社會形象與行政機關的擴張兩相結合（史料①）。他為大戰後的共和黨標舉出保守政黨的明確政策目標，在一九二〇年代躍升為引人矚目的政治領袖，甚至在一九二九年就任總統。然而他的思想與行動，也深深烙印著那段期間美國社會內部蘊藏的矛盾，還有與世界政治經濟的摩擦。

胡佛原本是工程師和商界人士，倡導提升效率和排除浪費的新理念。他在大戰期間曾參與比利時的民間救援行動，後來被威爾遜政府拔擢為戰時食品管理局局長，更於巴黎和會中擔任協約國經濟委員會的美國代表，被視為是威爾遜的親信，自此受到政界矚目。胡佛不僅行政能力出色，當時也不過才四十多歲，經過巴黎和會的歷練後，他便轉朝政治家邁進。自和會後半起，胡佛展現出美國優越主義的態度，主張美國在戰後的歐洲重建一事上應該考量自身立場，倘若不能確保自身行動的自主性，那麼美國可以不加入國際聯盟。這也讓他逐漸靠攏共和黨陣營（一九一九年四月以後胡佛寫給威爾遜的信件，史料②）。

一九二一年，新任總統哈定三顧茅廬延請胡佛入閣，此後胡佛擔任共和黨政府的商務部長，負責所有經濟政策，以及經濟外交領域的相關事務，直至一九二八年。胡佛就任後立即著手大規模改組商務部，強化部會權限，強化聯邦政府與財經界的合作。他處理國內政策時相當精明幹練，在各部會首長當中亦手腕高明。胡佛組成了遍及所有產業、多達兩百五十個團體的全國性產業組織；在效率運用國內經濟資訊及提供海外市場情報的遠景下，他將該組織與商務部的協調運作制度化。這種組織化和情報化的構想，正是他所謂的「合作」理念。

在對外政策方面，胡佛也提出由政府出面溝通，美國民間積極對外投資做為後援，協助重建世界經濟；他還表示，合眾國將在德法間維持中立立場，並以外交支持「道德正義」，這將會成為歐洲走向和平的原動力。這意味著，合眾國理當時時保持自由，必須追求卓越的經濟成長。胡佛以美

＊ cooperation，也稱 association。這種強化企業產業組織與政府行政機關之間義務合作關係的理念，通常稱為社團主義或結社主義。

圖 2-5　赫伯特・胡佛

國利益為中心而開展的論述，不僅明顯誇示合眾國經濟體系之優越，還以該立場做為社會整合的基礎，當中蘊含了強烈的政治及文化美國主義。

在談及占據戰後西歐與美國關係核心的戰債問題時，胡佛更是大力闡釋自己這種政治理念。一九二二年十月，他以代表共和黨政府的立場，闡述美國要求償還戰債的正當性（托雷多演說）。任何國家都不能拒絕償還戰債，必須履行契約義務，這是資產階級秩序的根本——首先如此主張的他，反駁戰債的負擔會妨礙歐洲經濟重建的言論，進一步陳述他的世界構想。在他恢弘的論述中，甚至主張戰債反而是帶來世界和平的基礎：

> 今後美國也將以經濟擴張為目標。確實，歐洲各國或許無法大量輸出合眾國擅長的工業產品到這個國家。可是，現今尚未工業化的熱帶地區，對歐洲而言是值得期待的市場。事實上，合眾國從熱帶地區輸入橡膠等原料，或咖啡之類的熱帶特產，輸入量正逐年年增加。熱帶地區獲得的美元，若能轉為購入歐洲工業產品，必然會成為歐洲經濟重建的重要基礎。

此外，美國前往歐洲旅遊的人數持續增加。若考慮到旅客和移民寄到歐洲的匯款，以及可預期的美國海外投資成長，便可斷言戰債完全不會成為歐洲經濟重建的負擔。毋寧說，戰債應會讓各國趨向膨脹的財政進一步緊縮，讓各國削減不必要的軍事支出。削減軍事費用是促進和平的重要關鍵，而財政緊縮有助於抑制現在劇烈的通膨，擴大輸出，因此將會成為歐洲重建的真正基礎。

——〈胡佛演講：歐洲有能力，並有義務清償〉《紐約時報》一九二二年十月十七日

邱吉爾應該聽到了胡佛的這番演講。充滿銳氣、以肩負大英帝國為己任的這位政治家，會對美國心生不滿甚至厭惡，也是理所當然的。

固守高關稅政策

對於貫穿整個一九二〇年代的美國高關稅政策，胡佛毫不掩飾其強烈信念。美國於一九二二年通過關稅法《福德尼—麥坎伯關稅法案》(*Fordney-McCumber Tariff Act*)，將關稅平均稅率提高約百分之二十五。胡佛宣稱共和黨國會和政府的這項新關稅政策，絕對不會阻礙美國擴大世界市場。他更辯稱美國推動的新政策，是考慮輸出國的原料成本和薪資水準，並透過科學方法所設定的關稅稅率，因此這項新關稅政策並不是保護關稅。

然而，合眾國的實際國際收支，尤其是貿易順差，在一九二〇年代後半擴大至一年逾五十億美元的規模，超越了歷年紀錄。美國因提高關稅而累積的貿易順差，明顯威脅到國際經濟的相互依賴性，這種批判不只是對歐洲，也是與全球相關的迫切問題。可是胡佛對一切反對意見置之不理，在他執政的一九三〇年春天，儘管有聲明指出再次提高關稅只會加速大蕭條的衰退，造成更大的混亂，國會卻仍在保障國內就業市場的名義下，就成立新的高稅率關稅法《斯姆特—霍利關稅法案》（*Smoot-Hawley Tariff Act*）達成共識（該法於一九三〇年六月通過）。新關稅法仍在國會審議階段時，即有諸多隸屬美國經濟學會（American Economic Association）的著名經濟學者，如哥倫比亞大學教授韋斯利．米切爾（Wesley Mitchell）等人聯署，發出強烈批判聲明。這顯示了，就連美國國內也強烈質疑胡佛誇口的合眾國關稅的「科學性」。

概觀巴黎和會後的胡佛言行，可以做出以下總結。在擔任商務部長時期，他關心緩和德法之間的對立，言及限制軍備的必要性，也因此主張積極對海外投資的美國資本將是戰後重建世界經濟及和平的基礎。這點讓他相當自負，認為自己既是強大的和平主義者，也是國際主義者。然而胡佛的跨大西洋合作協調論主軸，不論是清償戰債還是高關稅，都擺脫不了頑固的美國主義，實際上還可能隨時破壞國際合作局勢。一九二八年，支持國際聯盟的英國外交官勞勃．塞西爾（Robert Cecil）使用了「美國的責任」一詞，寫到：對於和平，合眾國真的盡到了稱其力量的責任嗎，歐洲對此常感到強烈不滿（史料③）。這是對胡佛非常直接的批判。

確然，支撐一九二五年以降的羅加諾體系的，是美國從紐約供給德國、法國，還有英國的對歐資本輸出。然而，接受美國輸入資本的代價，卻是被迫承受戰債與高關稅。對羅加諾體系下的各國而言，這是美國施加給歐洲不合情理的沉重負擔。所謂美國的「笨拙的支配」，指的大約也就是這點。就歐洲的觀點而言，「羅加諾和平」的瓦解，意味著脫離身在大西洋對岸、老愛獨來獨往、握有絕對優勢的潛在軍事力量、卻強迫世界各國限制軍備的美國的「支配」，尤其是擺脫戰債和高關稅的重擔。

總結來說，英法對美國抱持著相當強烈的不滿情緒。對此，起始於一九二九年底的世界經濟大蕭條，自然是對一九二〇年代由美國主導的大西洋結構的破壞性清算。

5 從崩潰到新政

景氣反轉的世界經濟

清算，宛如天崩地裂。

在那之前，一九二八年八月，胡佛接受了共和黨的總統候選人提名，當時他還意氣風發地使用了「新時代」(New Era) 一詞：

自共和黨政權誕生以來的七年間，我們剛結束重建，努力朝更大的進步邁進。歐洲已實現和平。今日的美國社會也即將全面戰勝貧困，人人有工作的目標已近在眼前。（史料⑩）

當時，胡佛在全國廣播演說中所表露出的自豪之情，與共和黨的聲勢之盛，確實反映在席捲世界的經濟數據上。一九二八年，美國工業生產規模較一九二一年成長了一點七倍，撇開所得分配差距擴大等問題，國內生產總額超過八百億美元，對歐洲各國而言簡直是天文數字。當胡佛高呼共和黨政府開創了大量生產與大量消費時代，走在包括收音機廣播在內的資訊時代尖端，並即將開啟新文明序章時，這樣的自負本身確實掌握到了時代氛圍。一九二八年十一月，胡佛獲得美國總統選舉有史以來的最高得票數，取得壓倒性勝利，並於一九二九年三月就任總統。

然而近在眼前的未來，絕非胡佛口中的「新時代」。早在一九二九年初，現實中已隱約可見部分陰影。其中最大的弊端在於，全球的經濟繁榮過度集中於美國北部都市，在投資金融方面，全世界越來越依賴紐約的資本。再加上美國內部的經濟榮景也已過了高峰，負債擴大、就業市場不穩定等等，泡沫經濟破裂的徵兆正逐漸顯現。事實上，該年十月底，紐約股票市場暴跌引發戲劇化的金融緊縮，美國失業率也隨之攀升，四年後的一九三三年更出現全國四分之一勞動人口、約一千四百萬人完全失業的慘狀。在資金流動阻塞和嚴重通貨緊縮的牽動下，投資降低、生產下降及消費減少，不斷惡性循環。

在景氣反轉下，成為新執政黨的民主黨標榜國內改革，登上舞台。在一九三二年大選中打敗胡佛的民主黨領袖富蘭克林・羅斯福（Franklin Roosevelt，即「小羅斯福」），翌年一九三三年三月推出「新政」。但在海外，美國爆發的大蕭條逐漸蔓延成世界經濟大蕭條；日本也在一九三一年九月發起九一八事變，破壞了遠東的和平；一九三三年一月希特勒政權於德國誕生，歐洲的羅加諾體系也岌岌可危。這些皆是因共和黨全球性戰略的失敗所致，而其中別具劃時代意義、並具體展現出經濟崩潰已然潰堤的，是一九三一年夏天，國際金本位制的瓦解。

金融危機對英國帶來的影響

自一九二九年底起，歷經長達一年半的通貨緊縮，以及因投資和貿易規模縮小而導致國際金融功能受損的情況，一九三一年五月從奧地利到德國爆發了影響遍及全歐洲的金融危機，並在七月中旬波及英國。寄存在倫敦金融機構的外匯提取大幅增加，因此在胡佛呼籲下，國際債務實施延期償付（moratorium）一年，但依然無法阻擋事態急轉直下，不久後更出現黃金提領風潮。英國政府遂在九月二十一日斷然放棄金本位制，放任英鎊貶值。以此為契機，各國紛紛放手讓自己國家的貨幣貶值，並祭出提高關稅等手段，加速干預貿易。不僅如此，世界經濟也因為失去了一般在金本位制下所保障的整合性，於是一鼓作氣地快速朝向區域化的對立結構發展。

在金融危機蔓延至英國期間，英國發生了執政黨分裂、黨魁遭除名的罕見政治事件。八月二十四日，因經濟蕭條，工黨內閣在被迫緊縮財政與維持社會政策之間出現意見分歧，兩派衝突導致工黨不得已讓出政權。在那之後，反對黨保守黨隨即策劃拉攏工黨的拉姆齊．麥克唐納（Ramsay MacDonald），組成以保守黨為主的聯合政府；九月二十一日的政策轉換，即是這個聯合內閣所下的決定。藉著八月底近乎粗暴的政權轉移，聯合內閣的目標是完全放棄在經濟大蕭條下急遽式微的金本位制，摸索自身經濟政策路線。

原本推崇自由貿易的英國雜誌《經濟學人》（*The Economist*），在九月底刊登了一篇支持政府決定的長篇論文〈一個時代的結束〉（The End of an Epoch，史料⑧），其中有許多珍貴的線索，可以得知聯合政府選擇放棄金本位制，是希望藉此達成什麼變化。依據文中的論述，可以分析出他們的判斷基礎如下。

英國在戰前曾是國際金本位中心，這也讓英國矢志恢復世界金融中心的地位。終於，一九二〇年代後半，英國在幣值維持戰前的水準下回歸金本位制（一九二五年）。然而，英國雖暫時回歸金本位制，但這個重建後的國際金本位制，最大的金融中心已是美國，英國只能屈居第二。不僅如此，英國政府積欠美國戰債，對倫敦做為國際金融中心的基礎造成威脅。戰債的沉重壓力，再加上貿易赤字連連，以至於一旦資本帳惡化，寄存於英國的金融資產就得隨時面臨被提取的威脅。以美國為軸心的國際金本位制，形成通貨緊縮的金融秩序，削減了英國財政與金融的彈性，貿易赤字難以削減，因此英國的經濟與政治早在經濟大蕭條前就已極為脆弱。

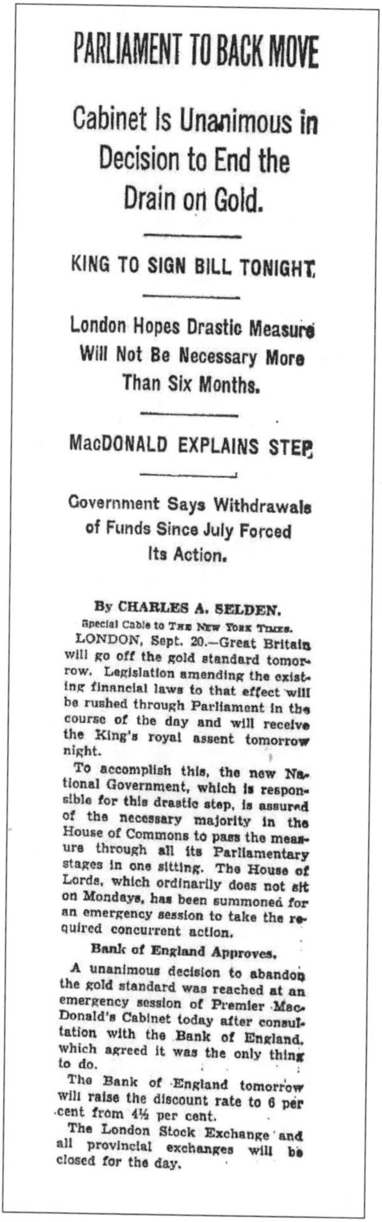

PARLIAMENT TO BACK MOVE

Cabinet Is Unanimous in Decision to End the Drain on Gold.

KING TO SIGN BILL TONIGHT.

London Hopes Drastic Measure Will Not Be Necessary More Than Six Months.

MacDONALD EXPLAINS STEP.

Government Says Withdrawals of Funds Since July Forced Its Action.

By CHARLES A. SELDEN.

Special Cable to THE NEW YORK TIMES.

LONDON, Sept. 20.—Great Britain will go off the gold standard tomorrow. Legislation amending the existing financial laws to that effect will be rushed through Parliament in the course of the day and will receive the King's royal assent tomorrow night.

To accomplish this, the new National Government, which is responsible for this drastic step, is assured of the necessary majority in the House of Commons to pass the measure through all its Parliamentary stages in one sitting. The House of Lords, which ordinarily does not sit on Mondays, has been summoned for an emergency session to take the required concurrent action.

Bank of England Approves.

A unanimous decision to abandon the gold standard was reached at an emergency session of Premier MacDonald's Cabinet today after consultation with the Bank of England, which agreed it was the only thing to do.

The Bank of England tomorrow will raise the discount rate to 6 per cent from 4½ per cent.

The London Stock Exchange and all provincial exchanges will be closed for the day.

圖 2-6　英國脫離金本位制（《紐約時報》1931 年 9 月 21 日）

《紐約時報》刊登英國脫離金本位制的報導，由特派員查爾斯．塞爾登（Charles A. Selden）執筆。這則報導後，同版面刊登了另一篇介紹倫敦《泰晤士報》評論的文章，該評論嚴厲批判美國的作為是導致英國脫離金本位制的原因。

文中的批判，句句刺向美國。美國的高關稅政策加速了全世界黃金持有量不均，還有該國緊縮的金融政策、對戰債的態度，都對英國造成相當嚴重的負擔。美國會不會太過自我滿足了？《經濟學人》在上述這番批判後，斷言英國應該不可能再度回到一九二〇年代的金本位制，暗示轉換後就不可能再回到過去。「賠償、戰債還有安全保障，這些錯綜複雜的種種問題」倘若不能獲得解決，那麼在「大英帝國內部」建構封閉的經濟體系，應該會是最佳選擇。《經濟學人》全文引用了英國商會全國委員會在那年夏天提出的報告，令人印象深刻。

一九三二年七月，英國在渥太華會議（Ottawa Conference）中主導實施帝國優惠關稅制度(Imperial preference)。但早從一年前起，英國財經界、《經濟學人》雜誌還有保守黨，就已開始對此進行討論。無庸置疑，脫離金本位制是促使英國做出這個決斷的轉捩點。

邁向「新政」

於是，一九二〇年代重建的國際金本位制，就這樣在一九三一年後半瓦解。這不僅讓國際金融體系更加萎縮，也對不久後區域經濟圈的形成，以及國際政治的轉換造成影響。

歷史學家科斯蒂利奧拉用「笨拙的支配」所形容的美國對歐關係，導致歐洲形成分立；最重要的，是這段關係也因美國對歐洲投注資本減少而遭到清算，之後美國便專心致力於國內政治改革。雖然美國一九三〇年代的對外關係受孤立主義影響甚鉅，但一九三三年以後的民主黨羅斯福政府，和他們以改革國內政治為目的而提出的「新政」，展現出與一九二〇年代不同的全新政治特徵與思想。

對此，美國歷史學家威廉・勞易登堡格（William Leuchtenburg）稱之為「美國的歐洲化」（Europeanization）。特別是在社會勞工政策等方面，美國更向大西洋對岸的歐洲學習，尋求思想和制度上的合作，政治態度變得柔軟靈活。一九三五年《社會安全法案》（*Social Security Act of 1935*）是「新政」的核心政策，除了導入已在英德等國實施的失業保險制度外，還加上了歐洲常見的由國家管理的年金制度。此外，同年也通過保障工會組織成立與權利的勞資關係法《華格納法》（*Wagner Act*），該法案也部分參照了德國社會民主主義者所提倡的福利國家理念（文獻①）。

總的看來，羅斯福的「新政」一開始是為了應付經濟大蕭條而推出的緊急政策，卻在推行過程中逐步改變了美國的制度。與此同時，英國的凱因斯則從理論上摸索全國性經濟大蕭條和失業的對策，謀求福利國家；兩者雖不同，卻明顯具有共通性。由於意識到經濟不景氣長期持續的嚴重性，以及納粹德國的威脅日益擴大，如凱因斯這樣的人士雖對美國抱持著批判態度，卻也釋出了善意；同樣地，英國、法國，流亡的德國自由主義知識分子以及社會民主主義者，都對推行「新政」的美國寄予強烈的關心。這個事實說明了，在一九三〇年代經濟大蕭條這個共通的苦惱下，西歐與美國也相互縮小了彼此的距離。

所謂「美國的世紀」，也就是「世界政府」美國的開始，廣義看來是起源於一九三〇年代後半。美國在經歷政治改革、意即透過推動「新政」擴大社會政策基礎後，即嘗試跟西歐建立新的夥伴關係，邁向嶄新的歷史篇章。當然，「美國的世紀」的正式啟動仍須等到第二次世界大戰結束，馬歇爾計畫（The Marshall Plan）等援助實施之時。這部分的歷史已遠超出本章討論的範疇（一九三〇年代歐洲知識分子與美國的關係，以及身為「世界政府」的美國的崛起，請參照拙作的文獻①）。

一九二〇年代戰債問題的結局

最後，僅以本章主要探討的一九二〇年代協約國戰債問題，並綜合德國賠償問題的發展，做為結尾。由於大蕭條長達三年的經濟惡化，財政和金融機構陷入停頓，導致德國的賠償支付在一九三二年前半陷入絕望。六月起召開的洛桑會議（Lausanne Conference）承認德國欠缺支付能力，將剩餘的賠償金額大幅調降為三十億金馬克，並同意暫時停止支付（以取代楊格計畫）。然而，與會的法國等政府也對未參加會議的美國提出要求，希望美國同時放棄與協約國之間的戰債，以此做為達成最後共識的條件，並等候美國的回應。

但在半年後的十二月，一九二〇年代共和黨占多數席次的最後一個會期上，別說放棄戰債權利，就連調降金額的要求也遭美國國會否決。英國政府對此表達嚴正抗議，認為既有的戰債償還協定對世界經濟來說已是百害而無一利，故希望能重新協商清償問題，並在一九三二年十二月中旬履行了實際上最後一次的還款；至於法國等其他五國則不再償還戰債。各國在洛桑會議對德國賠償問題所達成的共識，也因美國國會的否決而作廢。

之後的一年，英國修訂償還協定的要求並未實現，結果一九三三年底，主要債務國全數逃避支付債款。就在這時，德國的希特勒政權宣布不再支付賠償，一九二〇年代歐洲國際關係及跨大西洋關係當中最沉重的負荷——德國賠償以及協約國間的戰債問題，皆以不支付及作廢而劃下句點。再加上國際金本位制的瓦解，一九二〇年代形成的世界體系可以說已完全崩解。

不過，美國的羅斯福民主黨新政府全面考量戰債問題的背景因素後，在一九三三年十一月七日發表的總統聲明中宣布，考慮到長期的經濟蕭條，同意戰債「無限延期償還」。雖然該聲明是因美國注意到納粹掌權造成威瑪共和體制發生變化、心生警戒而發，但只是片面承認既有現狀；另一方面，聲明中也包含著對西歐各國的新政治考量，這是前共和黨政權所沒有的。出於這份考量，大西洋兩岸的關係終於有了再度發展的基礎。在崩潰中，也出現了邁向重生的道路。

第三章　納粹主義的選擇

木村靖二

1　大眾政治動員時代的序幕

納粹主義研究的現況

自一九一四年八月第一次世界大戰爆發開始，到一九四五年第二次世界大戰結束，這段約莫三十年的時間，是近代轉換到現代的摸索期。雖然美國、俄國、義大利或日本等國都曾於這兩次大戰期間擔任主角，不過在這段激烈變動的時期，始終扮演核心角色，並成為時代象徵的，是德國。

一八七一年，在普魯士主導下，成立了將奧地利帝國排除在外的「小德意志」統一國家——德意志帝國。之後，德意志帝國迅速推動近代化和工業化，確立列強地位，並在進入二十世紀後為晉升歐洲霸權而掀起第一次世界大戰。德意志帝國因大戰敗北而瓦解，新的德國採行當時最進步的代議民主制，形成德意志共和國。然而德意志共和國的政經局勢並不安定，歷經經濟大蕭條後，於一九三三年轉為納粹主義（Nazism，又名德國國家社會主義）國家。之後納粹德國雖引發了席捲全世界的第二次世界大戰，卻又再次敗北，領導者阿道夫．希特勒（Adolf Hitler）自殺，戰後德國分裂為東、西兩部。

這段期間，德國雖始終以德意志國（German Reich，德文為 Das Deutsche Reich）為名，但三個時期的政治體制與疆域不同，組成國家的國民情況也不同。最初的德國通稱德意志帝國（Imperial Germany，德文為 Deutsches Kaiserreich），一次大戰後被通稱為威瑪共和國（Weimar Germany，德文為 Weimarer Republik），接下來的納粹德國（Nazi Germany）則又有第三帝國（The Third Reich，德文為 Das Dritte Reich）等各式各樣的通稱（如 Führerstaat，元首國家），其中納粹德國是今日最常見的通稱。本章將一八七一年成立國家後的德意志總稱為德國，並將各時代的德國分別稱為德意志帝國、威瑪共和國和納粹德國。雖然相較之下，一八七一年至一九四五年時間上不是很長，但這段時期內的各個德國政治體制不同，因此仍有不同的專有名稱，其中尤以納粹德國的歷史意義最為重大。首先，我們就從這個問題切入討論。

納粹德國統治時間短暫，還不到十三年，卻為同時代的世界帶來巨大衝擊；第二次世界大戰後，世界分裂為美蘇兩大陣營，其中僅以色列建國一事，就為日後的世界局勢發展留下了深刻影響。因此，二戰後的德國近現代史研究一直以來便背負著某種責任，必須闡明納粹的成立、發展與二戰的歷史。然而，這不代表我們應馬上針對納粹德國時期展開鉅細靡遺的歷史研究。透過紐倫堡大審（Nuremberg Trials）及各式各樣的紀錄片，還有受害者的紀錄與回憶錄等等，納粹德國犯下的暴行早已廣為人知。比起在納粹德國的罪行紀錄上添加新事例，國際社會更希望有人能回答以下問題：十九世紀末於歐洲列強當中急速崛起、於近代工業和新興科學領域領先群倫的德國，為何會發展成納粹德國這個與近代文明反其道而行的國家？

戰後分裂為東西兩邊的德國，主要是由西德的歷史學界接下了這個解答的角色。這是因為東德取消了在戰後成為自身疆域的舊普魯士和薩克森邦（Saxony）大地主制，將礦場和大型工廠收歸國有，將過去奉行資本主義的德國過渡為社會主義國家。換言之，東德主張清算自己這個孕育出納粹德國的資本主義德國。不過直至一九六〇年代初期，西德歷史學界也在納粹德國時期前的歷史學家主導下，將納粹德國視作一個偏離德國歷史的時期，很少直接處理那段歷史，大多將焦點置於抵抗納粹主義的運動和人民身上，可以說是一種辯解。然而會這樣，也是因為許多納粹德國相關資料皆被聯合國扣押以供紐倫堡審判等使用，很晚才歸還給德國。不過，在戰爭結束後二十多年，世代逐漸交替、資料也陸續歸還，戰後世代的歷史研究者開始以新的觀點展開研究。他們全面接受在納粹德國時期的罪行責任，並傾全力究明，為何德國會誕生出這種體制，以及大部分國民無論積極或消極、又為何會支持這種體制。

在這個新世代研究中扮演領導者角色的，是德國比勒費爾德大學（Bielefeld University）創設後不久的一九七一年就任該校歷史學教授的漢斯．韋勒（Hans-Ulrich Wehler）。他於留美期間鑽研德國流亡史家的研究，拓展傳統德國史學範疇，採納英美社會科學研究方法，嘗試解釋德國在追隨英、法、美等國而近代化的同時，為何沒能在政治和社會上達成近代化。韋勒指出，德國的近代化選擇了與歐美先進國家不同的「獨特途徑」(Sonderweg)，未能形成如西歐市民社會般的社會基礎，因而孕育出納粹主義。這個解釋清晰易懂，相當適合以成為西歐社會一員為目標的西德，因此廣受歡迎。在這個被稱作「獨特途徑」論的框架下，自一九七〇年代後半開始誕生了不少研究成果。可以說，近現代德國的歷史形象也因此煥然一新。

不過，自一九九〇年左右起，德國近代史研究雖仍承認應釐清德國的歷史責任，但同時也更傾向於將德國史從歐洲史的框架中分離，集中在國別史的研究上。此外也開始出現不同聲音，批判在方法論上以歐美先進國家為基準的觀點，以及明明是德國近現代史卻只聚焦研究納粹德國時期，未能充分考慮德國在各個時代的其他可能性。不僅是德國歷史學界，在被當成基準的美國和英國歷史學界中，也有部分學者提出反駁，認為過去的研究忽略了美國和英國各自擁有帝國主義、殖民統治等種種問題。在兩德統一後，德國開始強調「歐洲中的德國」，逐漸意識到自身做為一個新的「歐洲·德國」，這點也支持了史學界的轉變。話雖如此，這些批判並不是要一舉扭轉近現代德國的歷史形象，而是期盼能從個別主題的研究成果中慢慢誕生出新的論述，站在此基礎上所建立的新德國近現代史論述框架，也終於在近年逐漸成形。

本章將以這些研究成果為基礎，藉由與納粹德國的比較，重新探究被評為擁有當時最進步的民主憲法與代議民主制的威瑪共和國政治狀況。若認為共和國是被希特勒與納粹黨以恐怖和暴力方式破壞，這種理解方式其實過於高估了希特勒和納粹黨的訴求與行動影響。納粹黨確實在選戰中使用現代大眾傳播宣傳手法和暴力活動，但它並非僅靠著這些手段，就在一九三〇年九月的國會選舉中躍升為國會第二大黨，並在一九三二年的兩次選舉中連續成為國會第一大黨。納粹黨在一九二八年的選舉時還只不過是一個泡沫政黨，為何能異常迅速地擴大規模，進而在一九三三年被總統委以政權？要理解這個問題，就必須分析和探討實際肩負共和國代議民主制運行的國會和政府在這當中扮演的角色，以及既有政黨的支持基礎及組織結構特徵。

停戰協定與十一月革命

第一次世界大戰開戰第五年，一九一八年九月底的德國，由馬克斯．巴登親王（Prinz Max von Baden）率領的新政府，在帝國議會的多數黨支持下成立。由於無法詳細得知當時軍事情勢，新政府屈服於興登堡（Paul von Hindenburg）和埃里希．魯登道夫（Erich Ludendorff）率領的第三最高陸軍指揮部*的強硬要求，十月三日透過瑞士政府向美國總統威爾遜送出備忘錄，要求即時停戰與和平談判，並提出希望能依據威爾遜一九一八年一月國會演說及其追加方案〈十四點原則〉進行和談。德美兩國在十月中旬一共交換了四次備忘錄，過程中德國政府遵循威爾遜的期望，迅速修正帝國憲法，改行代議民主制，還撤換了最高陸軍指揮部的實際領導人魯登道夫。十月底，最初版本的停戰協定擬訂完成。

其實在九月時，德國軍方就認為這場戰爭已不可能取得軍事上的勝利，考慮委託荷蘭女王居中

＊ 陸軍最高指揮部（Oberste Heeresleitung，簡稱ＯＨＬ）是一次大戰期間德國陸軍的最高階層，興登堡和魯登道夫接掌該部後，建立起實質的軍事獨裁統治。魯登道夫領導時期的最高陸軍指揮部又被稱為「第三最高陸軍指揮部」（Third OHL）。

斡旋，促成停戰與和談。但當保加利亞、奧地利等同盟國陣營接連脫離大戰後，德軍隨即面臨協約國聯軍突破西方戰線、同時自巴爾幹半島和義大利方面攻入的危機。陷入恐慌的魯登道夫等人驟然轉向，要求威爾遜總統根據〈十四點原則〉進行和談。由於德國接受〈十四點原則〉做為和談的原則，威爾遜打算盡快接受停戰協定。然而以〈十四點原則〉做為和談原則這件事不僅未得到主要協約國同意，就連美國國內及英、法等國輿論都強烈要求德國在簽署停戰協定前必須先同意必要的保證，導致交涉延宕多時。

另一方面，在德國從君主制過渡到民主國家的過程中，由於德國海軍指揮部造反（在一戰時，除了潛艇戰，德國主力艦隊於一九一六年與英國海軍的日德蘭海戰〔Battle of Jutland〕後就沒有任何值得注意的行動。為了海軍的面子，海軍指揮部打算讓德國艦隊的主力出擊，進行最後決戰。這是無視停戰交涉、不顧後果的舉動），不服從上級命令的水兵們反對出戰，他們的抗議急速蔓延至整個德國，發展成德國革命（Novemberrevolution，又稱十一月革命）。為了等德國國內狀況穩定，停戰協定的簽署也因而延遲。水兵們的起義（基爾水兵起義，Kieler Matrosenaufstand）最初是為了阻止艦隊出擊，但迅速發展成要求改革軍隊的指揮結構，爾後隨著盼望停戰的德國陸軍士兵與工人加入，再加上市民的支持，最終演變成革命。不過，即便是最早起義的基爾德國艦隊，除了一開始水兵們抗議時因海軍警衛部隊開槍而出現傷亡，軍方指揮部和行政機關面對士兵的叛變，幾乎毫無鎮壓。這場德國革命事實上是一場無血革命，德意志帝國和各邦國的君主制就這樣在革命過程中瓦解。舉例來說，巴伐利亞王國（Kingdom of Bavaria）首都慕尼黑僅出現了要求停戰的零星示威行動，巴伐利亞國王就宣布退位，君主制也隨之結束，當時爆發的衝突亦未造成傷亡。雖然一提到君主制的崩解，不免就會讓人聯想起暴力衝突，然而示威隊伍和士兵的「革命要求」，也都未超出政府在十月停戰交涉過程中已承認的內容。因此，甚至有德國歷史學家認為，或許士兵和工人根本不需要發起革命。

為何這場安靜的革命如此輕鬆就成功了？巴登親王的內閣是由社會民主黨（Sozialdemokratische Partei Deutschlands, SPD）及天主教中央黨（Zentrumspartei）組成，屬於對君主制抱持批判態度、所謂的中間偏左自由主義勢力；他們在一九一七年的帝國議會反對軍方意見，決議和談。不過，這個帝國議會是在大戰前一九一二年選舉所選出，而大戰期間自然無法舉辦選舉，故該議會也不能說有民意基礎。因此革命爆發時，巴登親王領導的政府立即下台，帝國議會也隨之解散，取而代之的是獲得柏林工人和士兵委員會（Arbeiter-und Soldatenräte）信任、由社會民主黨和在戰時自該黨分離的獨立社會民主黨（Unabhängige Sozialdemokratische Partei Deutschlands, USPD）所組成的人民代表委員會（Rat der Volksbeauftragten）。不論在當時或是之後，面對帝國與各邦國君主制的終結，幾乎未曾有任何反對或抗議聲浪出現。

正如某位自由主義者將這場革命評為「最偉大的革命」，實現停戰、一舉廢除君主制、改行國民主權原則（即採行普通、平等或祕密投票等選舉制度的議會政治）、軍隊井然有序地從據點撤回本國，德國革命進行得相當順利。回想過去歐洲爆發的革命，從十八世紀末的法國革命到一九一七年的俄國革命，幾乎都伴隨著武裝暴動和流血事件；相形之下，德國的這場革命顯得出奇平靜且迅速。當德國國內局勢穩定後，一九一八年十一月十一日，停戰協定在貢比涅完成簽署。

為了理解德國革命為何能如此平穩地發展、轉換政體，就必須先認識步向總體戰的第一次世界大戰，帶給德國社會的巨大變動。

總體戰幫助形成民族國家

一九一四年爆發的一次大戰，自一九一六年左右起，進入被稱為「總體戰」的全民總動員階段。雖然看起來所有參戰國都實行了總動員體制，但協約國中如英法等國在軍事、經濟和財政方面均獲得許多外界援助。這些國家不僅有殖民地和自治領的支持，還有來自美國等等的外交支援。即便聯繫海外的路徑曾因德國潛艇的妨礙而受阻，但該影響在大戰後期也已大幅下降，幾乎可以無視。而且在一九一七年以後，美國也加入協約國陣營參戰，直接派遣相當可觀的兵力到歐洲戰場。換言之，協約國陣營的戰時體制，實際上是維持在接近部分動員的狀態。

另一方面，德國海外貿易被英國經濟封鎖而切斷，也幾乎沒獲得同盟國的經濟支援。甚至，德國身為同盟國陣營唯一的工業大國，還必須供應奧地利、鄂圖曼帝國等盟國大量軍事物資；譬如，奧地利軍隊使用的鋼盔，全都是由德國製造供給。德國本身則面臨勞動力不足的問題，除了使用戰俘之外，還必須從比利時和荷蘭招來大量工人。此外，德國雖被認為是糧食自給率較高的國家，但早在大戰前，其糧食與飼料也已有相當一部分是仰賴進口，因此城市地區在開戰後不久就發生糧食供應不足的現象，不到半年就必須實施配給。而英、法等國在大戰末期雖然也實施過糧食配給，但與其說是應付糧食不足問題才實施配給，倒不如說主要是為了增強國民的平等感，凝聚國內團結。談到德國的戰時統制經濟，向來會強調對國民日常生活的限制，以及壓低勞動條件標準等，然而在糧食配給上，雖然國民普遍對配給量感到不滿，但就不問身分和收入一律平等這點，卻相當受到支持。戰後，德國廢除了戰時統制經濟，只有糧食配給制因能有效保證供給，仍維持了數年之久。另外，德國的統制經濟在二次大戰時也被日本當成參考範本。

對一般德國國民而言，在大戰前除了主要都市外，構成帝國的各邦國是最貼近他們生活空間的單位。俾斯麥推動帝國成立之際，為了盡可能減低各邦國的抵抗和擔憂，幾乎完全保留了各邦國的種種既得權利。該策略造成了以下結果：例如各邦國的直接稅仍為邦國所有，帝國政府必須僅仰賴間接稅做為歲入來源；與宗教問題密切相關的教育制度權限，也依然屬於各邦國。這也造成德意志帝國政府的正式大臣僅帝國宰相一人，外交大臣等其他重要職位皆為次長（在德國的史料文獻當中很多都寫成大臣，但僅為權宜性名稱）。另一方面，帝國議會雖由成年男性選舉產生，在當時稱得上進步；但各邦國內部則如同普魯士王國的三級選舉制度所反映的，直至一九一八年為止，仍實施不平等的分級選舉制。社會民主黨之所以長期不參加普魯士的選舉，也是因為在三級選舉制度下，該黨的候選人很難當選（在工廠工人階層增加後，社會民主黨也開始參加選舉）。

到了大戰後期，原本只關注邦國生活空間的國民，也漸漸關心起帝國的政策和政治動向，如戰爭狀況、戰爭目的或和平問題等等。帝國中樞的政策和方針，對一般國民而言，已不再是天高皇帝遠的高度政治問題，而是直接影響生活和家庭的問題；尤其是對有親人出征的家庭，每日戰況變化、關於停戰與和平的動向，都成了他們迫切關心的問題。換言之，總體戰迫使大多數國民不由自主地察覺到所謂的德國國民意識，以及身為國民對德國這個國家的貢獻。這種變化也反映在人們對德皇威廉二世（Wilhelm II）失去興趣一事上。皇帝在開戰演說中以「朕不知黨派，只知德國人」一番言論贏得人心，甚至還錄製成唱片分送；但自大戰中期起，皇帝在國民心中的分量已大幅下滑，也不再現身於國民面前。國民的注意力已轉移到在東線取得勝利的興登堡和魯登道夫兩位將軍身上。他們被視為救國英雄，於一九一六年被任命率領第三最高陸軍指揮部，委以指揮戰爭的重任。據說皇帝原本對此興致缺缺，但為了滿足國民迅速結束西線戰事的期待，才勉強同意任命二人。軍方在大戰期間動員的士兵人數是一千一百萬人，戰死人數超過兩百萬人。在未修改帝國憲法和舉行國會選舉的情況下，德意志帝國在大戰末期轉變為民主國家。越來越不起眼的皇帝在一九一八年十月底離開柏林宮殿，逃往位在比利時斯帕（Spa）的大本營，但國民卻毫不在意。巴登親王也在未經皇帝同意下於十一月九日宣布皇帝退位。這些都是因為大戰已然讓國民主權意識在德國國民心中生根。

停戰期間的「夢境」

德國革命情勢穩定後，一九一八年十一月十一日，在貢比涅簽署了停戰協定。停戰成立時，德國國民是如何看待德國當時的處境？其實在英法等國的強硬要求下，停戰協定囊括的項目在這段期間增加不少，實質上已變成一份停戰並剝奪德國再次作戰能力的協定，內容加入了德軍須於十五日內自西線占領地撤回德國，並移交相當數量的重武器、飛機、主力船艦和鐵道車輛等條件。相較之下，除了萊茵河右岸地區，大部分德國國民即便是停戰後，也不曾在國內見過協約國軍隊士兵的身影。對此多數國民的理解是：大戰結果雖對德國不利，但形勢上應該接近不分勝負。雖然德國在和談中被迫接受嚴苛的條件，包括必須支付比利時賠償（德國政府在開戰後就已表明會對進攻和占領中立國比利時一事提供補償），並將亞爾薩斯（Alsatian）與洛林（Lorraine）歸還給法國等等，但德國國民們預測德國的國際地位與本國領土應不至於有太大變化，根本沒想到必須支付鉅額賠償。德國神學家及評論家恩斯特．特洛爾奇（Ernst Troeltsch）將停戰後國民對未來的樂觀想像，評為「停戰期間的夢境」(Dreamland of the Armistice)。

當然，了解實情的德國政府，特別是外交官員，並未如此樂觀。因此，德國政府以支援德國革命團體為由，斷絕與俄國革命政府的關係；另外也遵從協約國要求，讓波羅的海地區的德軍留駐當地，以阻止俄國西進。在國內，德國政府也誇大了一九一八年底才創立、勢力微薄的德國共產黨威脅，將部分舊德軍重新編組成志願軍（Freikorps，又稱自由軍團），准許以武力鎮壓革命勢力。德國革命之所以會從無血革命轉變成流血抗爭，就是自一九一八年底志願軍對革命運動的鎮壓開始。此外，僅將德國革命視為羅莎．盧森堡（Rosa Luxemburg）和卡爾．李卜克內西（Karl Liebknecht）等共產黨員與社會民主黨政府、軍方和志願軍的對立，這種看法並不正確。一九一九年一月，盧森堡和李卜克內西遭害一事雖對德國帶來衝擊，但剛創設不久的德國共產黨基礎仍相當薄弱。再則，在巴伐利亞由庫爾特．艾斯納（Kurt Eisner）領導的革命政府及後繼的慕尼黑革命政府、魯爾區和德國中部煤炭礦工發起的大規模群眾罷工，也幾乎和共產黨毫無關聯，是與獨立社會民主黨或工團主義（syndicalist）相關的勢力所領導的抗爭。在停戰期間，工人、市民或農民，以及既有的政治組織，都同時發起或加入各式各樣的抗爭，革命派的運動也是這些運動的一部分。

就舉一個與此相關、過去一直被視為反革命運動的義警隊為例。當德國政府強調共產黨威脅、志願軍以武力鎮壓革命行動後，小型城市和農村地區亦紛紛響應，組織了為數眾多的義警隊。這些義警隊被視為是反革命組織，但大多都只是為了防衛自身聚落和小城市，和志願軍那種剛從戰場撤下的正規軍隊組織截然不同，說起來是群門外漢集團。實際上，義警隊組織也幾乎不曾跨越自身所在區域，積極從事反革命活動。在農村地區和小型城市，期望革命發展的工人階層數量很少，也缺乏如大城市工人那種具組織性、自成一格的集團。幾乎沒有集會結社經驗的農民和市民階層竟然組織了義警隊自力救濟，此事本身反而更值得關切。

當義警隊這類自力救濟團體在各地陸續成立的同時，德國中部的萊比錫（Leipzig）和哈雷（Halle）等煤礦地帶都市，由市民階層組成的對抗罷工行動也逐漸增加。這些地區的礦工頻頻發動罷工，要求礦業公有化（Vergesellschaftung）；為了與他們對抗，也出現了由醫院的醫生護士、市政府職員及公務員的鐵路員工發起的罷工。例如有醫院以罷工為由將住院病人趕出去，或是市政府的公務員拒絕執行糧食配給工作。雖然這些行為主要是為了抗議礦工罷工，讓電力、瓦斯及鐵路運輸癱瘓，不過，醫生或中低階公務員以這種形式組織罷工，並獲得市民階層的積極支持，這種狀況在戰前是看不到的。而市民組織抗議隊伍，高舉標語牌分發傳單的遊行光景，日後在德國威瑪共和國也變得司空見慣。換言之，示威抗議成為工人、市民及農民階層自力救濟的一環，這正是時代逐漸轉換的證據。不久，這類行動也出現在國會選舉和地方選舉上。在共和國時代，由於政黨數量眾多，為了能有效吸引選民注意，各政黨的選舉海報數量亦增加。這種現象也與當時逐漸轉向政治動員時代有關。

此外，威瑪共和國也改革了選舉制度（選舉權年齡由二十五歲調降為二十歲，並賦予女性同等選舉權）。一九一九年一月的立憲國民議會選舉，選舉人人數從一九一二年帝國時期最後一次選舉的一千四百五十萬人擴大到三千七百萬人，增加了二點五六倍。選舉人的性質也在大戰後變得完全不同。另外，除了社會民主黨和中央黨，既有政黨也都因應新時代而更改黨名，在新黨名中加入民主或人民（德文為Volk）的字眼：舊保守黨改名為德國國家人民黨（Deutschnationale Volkspartei, DNVP），舊自由主義右派改名為德國人民黨（Deutsche Volkspartei），舊自由主義左派改名為德國民主黨（Deutsche Demokratische Partei, DDP），天主教政黨的中央黨也在一九一九年選舉前一度考慮改名為基督教人民黨。政黨變更名稱，與其說是戰敗所帶來的改革結果，倒不如說是反映了大多數國民的想法。

在一次大戰後的歐洲，帝國型態的多民族國家消失，幾乎所有國家都變成了國民主權國家（民族國家）。但多數新興國家的內部，都為了如何定義國民而持續對立。新興國家以人數較多的民族語言和宗教為基準，擇定其民族名稱為國名，將自己的國家合理化為單一民族國家。而被視為少數的民族因此屈居劣勢，開始尋求獨立。日後新興獨立國家的內部衝突，大多是起因於民族間的對立。然而諷刺的是，在戰後最接近單一民族國家的，就是德國。德國將自己國家東部領土割讓給波蘭，大部分的波蘭人都回到復國後的波蘭；此外，德國也將亞爾薩斯和洛林歸還法國，因此變成了一個大致上以德意志人為主體的國家。在這層意義上，德國堪稱是一戰後典型的新興民族國家。

有一個與德國轉換成實行民主制度的民族國家相關，並且耐人尋味的現象，就是「社會主義」這個用語的流行。這裡的「社會主義」，並不是社會民主黨或共產黨所使用的「社會主義」，而是愛國主義右翼人士或保守思想家所使用的「社會主義」。舉一個具代表性的例子，在一九一八年發表《西方的沒落》（The Decline of the West）而一舉成名的奧斯瓦爾德・史賓格勒（Oswald Spengler），他也是一名保守派評論家，一九一九年曾針對青年世代寫了本小冊子《普魯士的精神與社會主義》(Prussianism and Socialism)。他在裡頭譴責英國的世界霸權，批判支撐該霸權的商業活動和代議民主制，同時也輕描淡寫地駁斥馬克思主義不過是一種光會否定現狀卻無法勾勒出未來藍圖的思想。相對地，他認為應該要從普魯士精神之中找出社會主義，並舉腓特烈大帝（Frederick the Great）為代表例子。史賓格勒之所以舉腓特烈大帝為例，是因為他認為大帝平等對待所有臣民。這樣的說法聽起來實在有些奇妙。姑且不管史賓格勒的論點，此處想指出的重點是，社會主義在過去一直被視為馬克思主義者的專門用語，保守派評論家卻在使用該詞時賦予了肯定的意義。當然，保守派或反革命派會以肯定角度使用社會主義一詞，是為了強調國民一律平等，也是為了爭取工人的支持。史賓格勒也以馬克思主義稱呼社會民主黨，以布爾什維克主義稱呼共產黨，皆不使用社會主義一詞。反共和國派分子當中有很多人跟他一樣，將社會主義轉化成促進國民團結、強化德國的思想，並加以利用。此時的德國工人黨（Deutsche Arbeiterpartei, DAP）還只不過是慕尼黑一個默默無聞的小團體，但不久就在希特勒的領導下，將社會主義和工人二字放入黨名，改稱「國家社會主義德意志工人黨（納粹黨）」（Nationalsozialistische Deutsche Arbeiterpartei, NSDAP），也是搭上這波潮流的例子之一。

在停戰期間，德國以普選方式選出立憲議會，投票率高達百分之八十二點七。議會也避開政治狀況不穩的柏林，在德國中部城市威瑪召開，威瑪共和國的名稱即源自於此。不過這個名稱在共和國時代幾乎不曾被使用，是到了二次大戰後才成為通稱。

議會由社會民主黨、民主黨和天主教中央黨組成聯合內閣，社會民主黨黨魁弗里德里希·艾伯特（Friedrich Ebert）被選為總統。和約的內容雖仍不明確，但多數國民都抱持著樂觀態度。正因如此，當未曾參與協商的德國在四月收到和約草案時，受到的衝擊相當巨大。根據特洛爾奇的描述，國民激憤不已，「再次重現一九一四年大戰開戰時的團結」，甚至寫到「德國會像土耳其和中國一樣被當成奴隸對待」。然而德國別無選擇，只能答應接受和約（《凡爾賽和約》），且若仔細深入閱讀，會發現和約內容還是承認了德國的國際地位。雖說如此，德國國民大多是以戰前大國德國的標準來衡量和約。在一九二一年確定最終賠償支付金額（一千三百二十億金馬克）時，也可見到與此時相同的反應。德方的批判焦點主要在於和約中涉及德國身為大國體面的條款，以及容易刺激國民情感的部分，如要求審判威廉二世等等。直至今日，有關《凡爾賽和約》的批判聲浪仍然存在，但認為和約內容過於嚴苛的看法，在近年已有相當的修正。

不如說，停戰協定和《凡爾賽和約》讓德國國民對國際社會完全喪失期待，或甚至失去信心，才是最值得注意的一點。進入民族國家的時代後，新興國家必須傾全力整合國民，因此會對與國際社會動向相關的事務呈現消極態度。又如美國沒有加入國際聯盟，不願被捲入，也不想介入或關心其他國家局勢，這種傾向在兩次大戰間越發強烈。而德國也有相同的傾向。

共和國憲法由立憲議會於一九一九年八月十一日通過。憲法內容未受和約影響，對於在革命過程中追加的社會政策相關條款等等，也原封不動予以承認，因而被評價為當時最進步的憲法。不過，這部憲法並未能保證德國的政治和社會安定。

圖 3-1　十一月革命的情形

1919 年 11 月 9 日的柏林街頭。基爾革命的消息很晚才傳到柏林。可能不太容易辨識，但照片中央左側是名水兵，他手持紅色旗幟，旁邊則是一般市民。當中也有拍到孩童，完全沒有緊張的氣氛，顯示革命被視為理所當然。

圖 3-2　群眾集會抗議《凡爾賽和約》

1919 年 5 月在柏林舉行的抗議《凡爾賽和約》集會。左邊塔上懸掛的標語牌寫著「應該只有十四點」，控訴德國要求的和談應是以威爾遜〈十四點原則〉為基礎的和談。人們抗議和會不允許德國代表在協商過程發言，就強迫德國接受和約。

2 圍繞著新憲法與和約的抗爭

共和國初期的危機

德國首次大規模反共和國行動，是因《凡爾賽和約》德國必須廢除徵兵制和裁減軍隊的條款所引發。一九二〇年三月，保守派政治家沃爾夫岡・卡普（Wolfgang Kapp）和軍方的瓦爾特・呂特維茲（Walther von Lüttwitz）將軍聯手發動政變（卡普政變，Kapp Putsch）。為了抗議政府遵照和約指示，將軍隊人數限制在十萬人，呂特維茲命令麾下的志願軍進軍柏林，占領政府重要機關所在的街區，要求政府下台，並宣布推舉卡普為總理。政府人士逃離柏林，遷移到德國南部，而這場連事前準備都沒有的草率政變，之後因工會和官僚罷工，以及各政黨和軍方拒絕配合，在短時間內就瓦解。此處可清楚看出民意所向：國民雖對和約不滿，但仍然反對回到德國革命前的政治保守狀態。

不過，在六月舉行的國會大選中，對和約的不滿成為焦點。贊成和約的三個執政黨都嘗到了議會席次減半的滋味。守住第一大黨地位的社會民主黨，日後也不再積極發揮政治主導權。國會難以透過政黨合作形成多數聯盟，之後連續幾個內閣都是由以中央黨為軸心的少數黨和專家共同組成。此外，當時多數參戰國都花費了不少時間才從戰時經濟轉換回平時經濟，並深受通貨緊縮所苦；德國過渡至平時經濟的過程較為平順，景氣也受到戰爭賠償影響，因此不同於其他國家，反倒是通貨膨脹日漸加劇。

一九二一年，在德國革命時被稱為「無兵無卒將軍黨」的德國共產黨，吸收了獨立社會民主黨，一舉變成以工人支持為基礎的大型政黨，並為了支援當時陷入困境的蘇俄而策劃三月行動＊，結果失敗。接著在一九二三年，該黨效法俄國革命發起「德國的十月」，潛入德國中部的薩克森邦等地方邦政府內閣，展開準備工作。然而在漢堡的起義被政府鎮壓，此後共產黨對武裝起義的態度轉為慎重。另一方面在巴伐利亞邦，則配合卡普起義驅逐了社會民主黨領導的邦政府，由保守派和軍方合作樹立政權，成為反共和國派分子的據點，日後與柏林的共和國中央政府形成對立。

一九二一年確定德國應支付的賠償總額後，德國政府雖持續表達抗議，但為了顯示請求賠償的金額確實超過德國的支付能力，因此決定忠實支付賠款，即所謂的履行政策。不出所料，履行政策很快就被證明行不通，軍方、保守派和工業界要求中央政府放棄履行政策，打壓工運，並支持國民挺身反對支付賠償。一九二三年初，怒火中燒的法國和比利時祭出強硬策略，以德國支付金額不足為由進軍魯爾區，直接徵收做為支付賠償的重要項目煤炭。德國政府則指示當地公務員和礦工不要協助占領軍，採取消極的抵抗策略。可是因此支出的國家費用相當龐大，讓早已升溫的通貨膨脹急遽惡化，遠遠超過紙幣印行的速度，最後德國政府甚至發行了只有單面印刷的紙幣。在通貨膨脹初期，領取周薪的勞工階層還能勉強維持生計，但仰賴利息生活者與月薪制公務員立即受到重創，到了夏天以後紙幣幾乎完全失去價值，工人頻頻發動罷工，要求以實物給付工資。

＊ March Action，由德國共產黨等極左政黨在薩克森－安哈特邦（Sachsen-Anhalt）工業都市發起的暴動。

在內憂外患接連不斷的情況下，國會或各政黨幾乎沒有出場的機會；而在極右派分子的恐怖攻擊下，前財政部長馬蒂亞斯・埃茨貝格爾（Matthias Erzberger）在一九二一年罹難，外交部長瓦爾特・拉特瑙（Walther Rathenau）也在一九二二年身亡。一九二二年夏天成立了一個脫離國會的內閣，由非國會議員、在商界具影響力的人士擔任總理，並拔擢多位專家擔任閣員。無法仰仗國會的艾伯特總統為擺脫困境，只能設法依據憲法第四十八條賦予總統的特權來統治國家。所謂第四十八條的總統特權是，當出現政府或國會無法迅速應對的緊急狀態時，總統可以發布緊急命令。不過總統發布緊急命令後，必須立即向國會報告主旨，若遭國會否決，緊急命令就會失效。在共和國末期的一九三〇年代以降，興登堡總統也頻繁動用這項總統特權，破壞了代議民主制，導致該條憲法飽受批判。不過，就發布緊急命令的次數來看，發布次數最多的是艾伯特總統。艾伯特行使緊急命令權共一百三十六次，興登堡則是一百零九次。話雖如此，艾伯特發布命令的目的是希望政治回歸國會主導，是依循立法宗旨運用這項權限；但興登堡則是不希望恢復議會政治，結果將政權交給了希特勒。因此，兩者使用這項特權的目的有著決定性差異。換言之，重要的不是條文內容，而是使用目的。

接連不斷的危機，在一九二三年十一月希特勒於慕尼黑發動政變時到達頂點。可是希特勒的政變很快就失敗了。這顯示出沒有獲得軍方，保守派和國民的支持就想打倒政府，是一項不智之舉。一九二三年夏天，主要政黨終於聯合組成施特雷澤曼內閣；該內閣平息了魯爾區的消極抵抗，發行了地租馬克（Rentenmark），克服了通貨膨脹危機。而國際間對於法國的強硬策略批判聲浪亦日漸高漲，最後在美國的財政支援（道茲計畫）保證下，德國終於渡過了危機。在這場通貨膨脹中獲得最大幫助的，可說是德國政府：戰爭期間累積的龐大戰債，能因此一掃而空。

岌岌可危的安定與基盤*政黨的動搖和分裂

一九二四年，德國在五月和十二月舉行了兩次國會選舉。雖然社會民主黨兩次都保住了第一大黨的地位，但保守派的德國國家人民黨成為第二大黨，因此很難以多數派為基礎組閣。此後，少數內閣更迭交替的狀況持續不斷，但國會運作總算回復正常，國會與政黨的時代已然降臨。接下來想先就德國的政黨路線與支持基礎——也就是「基盤」——進行說明。

自十九世紀末以來，帝國議會的既有政黨雖曾歷經更改黨名等變化，但從政黨的支持基盤看來，其所獲得的認同已相當穩定。政黨的支持基盤（支持者）德文為「Milieu」，意指由各自特有的價值觀和價值體系所創造出來、享有共同「文化」的政治團體。這裡所謂的價值體系，是指包含職業別、宗教信仰（新教徒、天主教徒）、居住環境（農村地區、城市、大城市）、生活環境等等在內，根植於整體社會環境之中的價值觀。由於很難找到適切的詞彙翻譯這個概念，下文的敘述將使用「基盤」一詞。此外也必須先申明，下文例子所顯示的各政黨基盤主要架構，僅指涉一般的普遍情形。

＊德文 Milieu 有環境、社群的意思。本章作者使用這個詞彙，來指涉擁有類似居住環境、價值觀、教育程度、信仰及生活方式等等，支持特定政黨的群眾基礎。日文原文直接使用 Milieu，但為行文閱讀流暢，中文轉譯為「基盤」，特此說明。

社會民主黨的支持者，信仰方面多為新教徒，職業別以工廠工人為主，他們居住於城市的勞工社區，大部分都加入支持社會民主黨的自由工會（Free Trade Unions），以報紙為消息來源，會購買並閱讀社會民主黨在各區發行的黨報，娛樂場所則是支持社會民主黨的酒館（酒吧），很多人都會參加政黨或工會舉辦的各種活動或集會。此外，在共和國時期，社會民主黨的城市中產階級支持者數量也有增加。至於共產黨，由於是新興政黨，因此除了部分知識分子外，支持者也以比較年輕且具行動力的城市工廠工人為中心；由於工會深受社會民主黨影響，因此共產黨成員當中參加工會的人很少。他們不重視宗教信仰，不過成員中有少數天主教徒，在經濟大蕭條時有許多黨員失業。至於農村地區和中小型城市，由於缺乏共通的城市文化和勞動文化基礎，因此這些地區的兩黨支持者都很少。亦有研究指出，這些地區的工人有許多人支持納粹黨。

縱使同樣是新教徒，農民或農村居民中也有很多人是國家人民黨等保守派政黨的支持者。共和國時期，青年世代當中有不少人離開鄉村遷徙到城市，一般認為他們對城市文化，特別是大城市文化抱持強烈的批判態度。德國人民黨或民主黨的支持者親近自由主義，多數為居住在城市的新教徒，以經濟較寬裕的階層為中心，因此大多接受專業技職訓練，或文理中學（Gymnasium，相當於日本的舊制高等學校）和大學等高等教育；許多人都以進入大企業，成為公務員、高中和大學教職員、記者等等為志向，其中也有人擔任領導職位。

至於天主教徒，與居住地、職業別、教育程度無關，幾乎全數支持中央黨或巴伐利亞人民黨（Bayerische Volkspartei, BVP，該黨實際上是中央黨的巴伐利亞支部。即使到今日，巴伐利亞始終擁有強烈的獨立自主性，即便與中央黨擁有共同目的，也大多另外成立組織）；深受普魯士的影響，有不少人在新教徒眾多的中部與北部地區擔任公職等具影響力的職位。此外，許多信奉天主教的工人都加入支持基督教政黨的工會。中央黨原本就是在帝國初期的文化鬥爭（Kulturkampf，指普魯士所主導的反天主教政策）時期組成的，天主教會因而成為維繫政黨團結的支柱。只是，據說由於經歷過文化鬥爭，反而讓該黨傾向支持政府。

這類「基盤政黨」的特徵是支持群眾的變動和緩，得票數雖每每有所增減，但若非出現劇烈的社會或經濟變動，支持者通常相對穩定。因此，只要政黨基盤穩定，就沒必要整頓政黨組織，也無需向支持者說明政黨的政策或方針。由於缺乏必要性，如國家人民黨或中央黨，便沒有形成可稱為政黨組織的強大組織網絡。而在支持基盤之外，還存在著與政黨相關的經濟團體、利益團體或地方報紙等，這些團體組織可補足政黨與支持者之間的連結；例如國家人民黨就擁有像農業聯盟（Agricultural League，在共和國時期改稱農村聯盟〔National Rural League〕）那樣強而有力的農業利益團體支持；德國人民黨則有工業團體的支援。中間政黨當中最早面臨選民流失打擊的，是缺乏這類有力的利益團體支持、在大城市的新聞等刊物上擁護共和國的德國民主黨，該黨最後在一九三〇年與其他少數政黨合併為德國國家黨（Deutsche Staatspartei, DStP）。這類基盤政黨就算在大戰後變更名稱，也會原封不動地繼承原有的支持基盤。而只要擁有基盤支持，便很少有政黨想擴張勢力，超越原有的群眾支持基盤範圍，也較難與其他政黨合作。當時德國政黨數量一直是七至八個左右，維持多黨並立的體系，也是因為這類基盤政黨很多。這樣的政治基本結構，讓德國在共和國時期未曾出現能單獨贏得過半席次的政黨，讓組閣相當耗時，內閣卻又常常在短期內交替。此外，中央黨幾乎加入過共和國時期的所有內閣，這也是因為除了天主教色彩之外，中央黨帶有最濃厚的全民政黨性格，因此不會堅持著重於特定階層或經濟利害得失的政策。

穩定支付賠償，加入國際聯盟，在從總理轉任外交部長的古斯塔夫・施特雷澤曼和法國外交部長阿里斯蒂德・白里安的合作下改善德法關係，並因收回關稅自主權而恢復自主性，諸如此類德國在國際關係上懸而未決的事項，總算暫時獲得了解決。然而一九二五年以後，一般認為共和國已趨於穩定時，過去無明顯變化的群眾基盤卻出現了變動。這是由於國際問題獲得解決後，對於該如何解決國內問題，相關爭論讓政黨間的對立逐漸浮上檯面。一九二五年以後所成立的政府，是屬於少數派的中間偏右政權，常常因為無法調停紛爭而一再改組。各政黨為了穩固自身動搖的基盤，也越來越不願就相關問題而妥協。

例如支持社會民主黨的工會，就被批評在通貨膨脹期間，對於勞工實際薪資下降、遭到解雇，或是生活保障問題皆未提供充分支援，工會成員不斷流失，因此這些工會在面對政府勞資協商時，姿態便轉為強硬。另一方面，農民的負債在通貨膨脹期間雖然一掃而空，但持有資金卻未因此增加，在通貨穩定時為追求機械化而需要投資，結果不得不向銀行等金融機構貸款，也再度背負巨額負債。諸如基督教人民暨農民黨（The Christian-National Peasants' and Farmers' Party）、德國農民黨（German Farmers' Party）這些以農村和農民為對象的新政黨會在此時出現，無非是反映出在全球農業不景氣下，農民對原有農村與農民政黨的失望與抗議。從這些新政黨的名稱看來，也無法期待他們能獲得超越農村社會以外的選票，但他們卻引發農村支持基盤的分裂，對既有的農村政黨造成威脅。還有些農民對這些新舊農村政黨都不滿意，展開自力救濟。在什列斯威－霍爾斯坦邦（Schleswig-Holstein），農民無法償還借款而被扣押土地、強制執行拍賣的案件大增，因此有越來越多農民採取過去未曾出現的偏激行為，譬如炸掉作出判決的法院、以暴力阻止競標者進入村內等等。

有些政黨開始脫離既有基盤支持，集中主張自己的利害得失，仰賴自力救濟，以城市中產階級為基礎的經濟黨（Reichspartei des deutschen Mittelstandes，簡稱 Wirtschaftspartei, WP）就是其中一例。經濟黨這個黨名聽來或許有些誇大，但若看全名「中產階級經濟黨」，就大致能了解該黨支持者的背景。該政黨成立於一九一九年，是一個以屋主（所有權人）為主體的政黨。德國於大戰後下令長期凍結房租。城市的中下階層大多是租屋，大戰後發出凍結房租命令，是為了保護失去家計來源的陣亡者遺族生活。廣義而言，這項措施是福利政策的一環，但從屋主的角度看來，凍結房租一事姑且不論，在通貨膨脹持續惡化的狀況下，房租也跟著貶值，幾乎等同於「免費出租」。因此當通膨穩定後，屋主方面的所有權人自然期待能獲得某種程度的補償。政府雖也同意補償，但與屋主們預期的金額落差甚大。對此，以屋主為首提出抗議、要求增加補償金額的經濟黨，支持者也變多了。經濟黨因為得到這些支持，一時成功聚集了大量選票，更在一九二八年的選舉中取得二十三個議會席次。這也是當時政黨基盤出現動搖的其中一例。國會的政黨數在一九二〇年是十個，一九二八年增加為十五個，這是由於基盤的分解，提出個別訴求的政黨增加，促成了多黨化現象。

當原有的政黨支持基盤出現變動的同時，還有另一個不能忽視的現象：隨著政治家和國會議員的高齡化，他們與投票者，尤其是不斷增加的青年選民之間的世代差距也擴大了。由於戰敗和革命，許多政黨配合時勢改變黨名，但政黨領導階層或議員卻多半仍來自於戰前。即便像社會民主黨那般整頓組織，設置了青年部與婦女部，但該黨的領導階層交替多半是依據年資，拔擢年輕黨員的情況很罕見。在這種按年齡升遷的情況下，也難怪高齡的政黨幹部或議員難以打動一般群眾。特別是那些依靠基盤支持、訴求保守主張的政黨或政治運動，青年世代背離的現象尤其顯著。

泛德意志聯盟（Alldeutscher-Verband）在戰前鼓吹擴張德意志帝國主義，大肆展開宣傳活動，備受各方注目，在國際上亦以「泛德意志」（Pan-German）之名廣為人知。然而該聯盟也無法擺脫這樣的瓶頸。在即將停戰的一九一八年九月，擔任泛德意志聯盟主席的海因里希・克拉斯（Heinrich Claß）在幹部會議中提到跨出聯盟成員、對一般群眾演說的難處，他說：「該提供給下面那些人（指群眾）什麼呢？二十八年來〔泛德意志聯盟成立於一八九〇年〕，我對這個問題一直很頭痛。」以往克拉斯在鼓吹泛德意志主義時，一直將重點放在批判皇帝和政治領導者等上層階級，或是針對市民階層展開政治訴求。克拉斯不禁感嘆，如今已邁入必須對一般群眾遊說的時代，然而面對這樣的現實，他卻沒辦法提出一些簡單易懂的主張，或是作出激情煽動的演說。

不只是克拉斯，除了有參與工人運動經驗、與工運相關的政治家之外，當時的政治家可以說普遍面臨了相同的窘境。尤其受到電影和廣播等來自美國的大眾文化急速普及的影響，政治家在面對一九二〇年代的青年世代時，必然感到極度迷惘。舉例來說，社會民主黨和共產黨都將重點放在工人階層這個支持基盤，但若比較兩黨國會議員的年齡，可以發現在一九三〇年時，前者以六十歲以上為中心，後者則大多在四十歲以下；此外，納粹黨的黨員高達百分之七十都在四十歲以下，這樣的年齡結構直到一九三三年皆未改變。

一九二四年至一九二五年以降，過去看似較穩定的政治階層當中，裂痕正持續擴大。此外，該時期的主要政黨紛紛建立各自的準軍事團體。其中，鋼盔團（Stahlhelm, Bund der Frontsoldaten）設立於一九一八年剛停戰後不久，以接近反共和國的保守派勢力前線士兵為主體，自一九二四年起開始接受沒當過兵的青年加入，從事反共和國運動，一九三〇年代號稱成員達五十萬人。而設立於一九二四年的國旗團（Reichsbanner Schwarz-Rot-Gold）則以社會民主黨支持者為中心，號召擁護共和國，入團者超過三百萬人。至於共產黨也組成了紅色陣線戰士同盟（Roter Frontkämpferbund）。

再則，雖然鮮為人知，但在這時期曾行使過被稱作國民請願的國民直接立法權。根據法律，只要有十分之一的選民請願，國會就必須受理，決定是否同意。當時有一件國民請願，是因處置舊王侯資產的對立而起。該問題在德國革命後便遭擱置，未有決議。共產黨和社會民主黨曾提案要求沒收這些資產，用於增進國民福祉，但國會持續爭論應物歸原主或沒收繳交國庫，因此引發了國民請願要求沒收繳庫。支持請願的選民人數雖達法定門檻，但該法案在國會遭否決，因此提交國民投票表決，同意票數未達法定門檻，最後法案未獲通過。不過，根據國民投票表決結果，同意通過的票數為一千四百五十萬票，達到擁有投票權總人數的百分之三十六點四。這個得票數顯示投下同意票的，除了左翼政黨支持者外，還有來自市民階層或反對請願的中央黨支持者，這讓天主教會大為震驚。該數字反映了多數國民對舊統治階層的嚴厲批判。

還有一件國民請願，是要求反對一九二九年的新賠償案楊格計畫。該請願由國家人民黨、泛德意志聯盟、鋼盔團等反共和國派集結發起；值得注意的是，這也是納粹黨初次參與連署的請願。納粹黨當然反對楊格計畫，但他們參與連署的主要目的是為了打響納粹黨的全國知名度，宣傳納粹黨站在反共和國陣營的最前線。這項請願案還要求「逮捕贊成楊格計畫的閣員並送交審判」，內容相當粗暴，因此遭國會否決。該請願除了政黨以外，還有不屬於國會的準軍事團體及農業團體加入，顯示出民眾對國會和既有政黨的不信任感已逐漸擴散。

納粹黨的轉換與擴大

前面章節一直沒提到太多關於納粹黨及其活動的狀況。這是由於初期的納粹黨性質和名稱相反，與其說是政黨，倒不如說是準軍事團體，實際上他們也沒參加選舉。納粹黨自一九二一年起由希特勒擔任領袖，在慕尼黑和周邊地區逐漸擴張勢力，希特勒透過長時間的煽動演說聚集了大量群眾，使得該黨在慕尼黑很受歡迎。然而，納粹黨緣起於支援與柏林中央政府對立的巴伐利亞邦國防軍及保守勢力，在一九二二年發展成具影響力的反共和國派準軍事團體。就如希特勒所言，自己是在幫反共和國派「敲邊鼓」，他扮演的角色是策劃宣傳活動，鼓吹打倒柏林中央政府。這樣的希特勒會發動武裝起義（慕尼黑政變），是擔憂巴伐利亞軍方或保守派領導者與柏林的軍方妥協而放棄行動，也是為了不讓納粹黨人、期待行動的準軍事團體（衝鋒隊，Sturmabteilung, SA）失望，阻止運動瓦解。然而誠如前述，這場小暴動旋即被警方阻止，以失敗告終，希特勒等相關人士均遭逮捕和起訴。沒有德國國籍的希特勒，原本應該被遣返回出生地奧地利，納粹黨也會跟著崩解，從此消失在歷史舞台。然而，身為決定發動政變的領導者和實際執行者，希特勒一時聲名大噪，而且他與迴避責任的保守派領袖及軍方首腦不同，在審判中坦承自己應承擔起事責任，故被視為是反共和國派當中頗具影響力的人物。在審判中，希特勒滔滔不絕地主張自身行動的正當性，獲得反共和國立場的法官從寬判決，短暫服刑後便獲保釋。希特勒窺出了這段期間的時代變化，將納粹黨從過去的準軍事組織，轉換成參與選舉的政黨。他在獄中寫的《我的奮鬥》（*Mein Kampf*），也將自身轉換為政黨路線的主張合理化。

自一九二四年起，共和國內外政治、經濟與社會各方面的變動皆較少，這給了人們一種印象，以為戰後充斥大量政治恐怖行動和暴力的時期已經結束。隨之而來的，是先前許多反共和國的團體和組織紛紛解散消失，仍繼續從事活動的則幾乎都轉移至已成為反共和國派政治組織的納粹黨之中。希特勒先前因煽動群眾的演說能力而獲得好評，但這個時期如普魯士等邦大多禁止公開演說，於是他巡迴各地，努力擴大組織和凝聚黨內團結，政治領導能力也因此逐漸受到認可。一九二六年初，黨幹部集會承認希特勒是納粹黨的最高領袖。納粹黨的「二十五點綱領」（25-Punkte-Programm）被視為不可更動，實際上是完全禁止議論，而黨內也達成共識，以希特勒的理念做為黨的方針。希特勒獨裁地位的確立，清楚反映在此時期出現的一種現象上：黨員間習慣以「希特勒萬歲」（Heil Hitler）做為問候語，並在不久後變成一項人人必須遵守的規範。當時並沒有其他政黨視黨魁為唯一的最高領袖，而一般認為透過「希特勒萬歲」的手勢，能達到團結納粹黨的效果。

當然，納粹黨的組織基礎，並非僅憑希特勒一人建構。擴大組織或宣傳，實際上大多是由負責該項目的黨內幹部，依據各自提出的方案進行。例如黨內幹部格烈戈・史特拉瑟（Gregor Strasser），就設立了各種專業團體與學生團體，策劃青年運動，他也接近當時具影響力的利益團體，介入他們的方針，並參加各種地方中小型城市或自治團體的社交組織，為納粹黨展開政治宣傳，更持續在不同地區為各職業舉辦精采豐富的活動。至於約瑟夫・戈培爾（Joseph Goebbels）則負責首都柏林的納粹黨組織，他透過引人注目的宣傳與衝鋒隊的蠻橫行動，成功讓人們注意到這個規模尚小的組織。同時，納粹黨亦留意到農村居民的狀況，發現他們因經濟陷入困境而逐漸加深反共和國傾向，便將原先偏重城市地區的活動轉向農村。為此，納粹黨邀請農業問題專家、同時也是寫下《北方人種和血與大地》（*Das Bauerntum als Lebensquell der nordischen Rasse*）的種族主義者瓦爾特・達黑（Richard Walther Darré）加入，擔任農業政策負責人，並提出農業綱領。

自一九二六年起，納粹黨便如前述那般，逐步建立起組織網絡的骨架，從基盤政黨轉換為近代政黨。但一九二八年的選舉，納粹黨尚未完成組織改造，因此並未取得具體成果。在這次選舉中，納粹黨得票率百分之二點六，仍然不過是個僅占十二席的小政黨（這時的國會議員總數是四百九十一名；此外，政黨每獲得五萬張選票可分配到一個議員席次，議員總數會根據每次投票率而變化）。

3 經濟大蕭條與摸索新的未來藍圖

代議民主制的動搖

一九二九年十月，美國股市崩盤引發世界經濟大蕭條，在美國以外的國家，以德國所受影響最為巨大。德國經濟是靠美國資本的援助才逐漸復甦，因此一旦美國資本撤回，便立即帶來毀滅性的打擊。在一九二八年的選舉中，主要政黨以社會民主黨為首組成大聯合內閣，但實際上卻是徒具形式，各黨均將重心放在鞏固自己的支持基盤上，內閣要達成意見一致相當困難。欲推動軍備重建的軍方與保守派希望瓦解聯盟，將社會民主黨趕出內閣，由總統主導政治運作；而重工業界對政府的社會政策和勞資處理亦有所不滿，經濟大蕭條正好成為良機。

一九二四年獲得各國同意的道茲計畫在一九三〇年到期，國會同意通過做為新賠償支付方案的楊格計畫，故德國當前的外交問題已經解除，與國會第一大黨社會民主黨的合作已失去必要性。伴隨著經濟大蕭條的惡化，增加失業保險金額所帶來的負擔引發爭議，勞資對立越演越烈。在無法達成共識的情況下，一九三〇年三月，大聯合政府下台。一直以來希望擺脫代議民主制的興登堡總統及其親信將此視為大好良機，便指名中央黨的海因里希·布呂寧（Heinrich Brüning）接任總理，除了社會民主黨的閣員之外，前任內閣的閣員幾乎全數留任。此舉雖然成功地將社會民主黨排除在內閣之外，但政府卻失去了穩定的國會多數派，每次提案都必須設法取得國會多數支持。這種複雜的運作方式很快就顯露出不足之處。當國會勉強通過下一期預算案後，政府卻再度提出增加失業保險負擔金額的法案，多數國會議員便轉為否決。該法案雖以總統緊急命令通過，不過布呂寧為了在國會掌握親政府勢力，因而解散國會，宣布九月舉行選舉。他希望能爭取免除支付賠償。

半立憲總統內閣的開端

經濟大蕭條的影響不僅迅速，也具毀滅性。與兩年前的選舉相較，一九三〇年九月的國會選舉結果出現了非常劇烈的變化。首先必須注意的是投票率的上升。過去舉行過的選舉，只有停戰期間的立憲議會選舉投票率超過百分之八十，接近百分之八十三。但一九三〇年九月選舉的投票率卻不相上下，達百分之八十二。儘管如此，既有政黨的得票數全數下降。布呂寧總理原本期待集結中間偏右的勢力，但選舉結果反映出支持基盤的分裂，各勢力在無法統合的狀態下分裂成多個少數政黨，且得票數均呈現下滑。社會民主黨雖仍維持第一大黨地位，但即便幅度不如中間政黨及市民政黨，獲得席次還是減少了；至於市民政黨民主黨（該黨在這場選舉中變更黨名為「國家黨」）則退步成一個不及經濟黨的弱小政黨。相對地，共產黨勢力大增，成為第三大黨。

與其他政黨相反，在這場選舉中取得大幅成長而備受注目的，是納粹黨。納粹黨在前次一九二八年的選舉得票率為百分之二點六，這次一口氣上升到百分之十八點六，獲得一百零七個席次，躍升國會第二大黨，農村地區的得票數貢獻頗大。納粹黨對此發下豪語：「吾等將為破壞議會政治而進入國會。」然而就連希特勒本人也沒預料到納粹黨會贏得如此多的席次，其他政黨也相當震驚。布呂寧雖因整合中間派各政黨失敗而惋惜，但此時他對納粹黨的飛躍式成長並不太介意。此時布呂寧的目標是推翻《凡爾賽和約》，尤其是停止支付賠償。否定和約的納粹黨出現巨幅成長，顯示出國民的強烈期待，這有利於他的外交訴求。此外，納粹黨在各邦選舉的得票數也急速上升，該黨的動員力與暴力性宣傳活動不久後就成為巨大威脅。

納粹黨的飛躍式成長，為社會民主黨及中央黨帶來強烈的危機感。為了對抗這個危機，社會民主黨以「兩害相權取其輕」（Lesser evil）為由，決定轉換戰術。他們雖然批判布呂寧內閣，但相較之下，納粹黨的擴張是更危險的「惡」，當前的布呂寧內閣還是比較好，因而決定不反對緊急命令。此後，德國國會採取了不合常規的運作方式，意即政府以總統緊急命令發布必要法令，而國會多數派不會對此加以否決。於是，這個總統內閣（presidential cabinet）以半立憲總統內閣模式開始運作。之所以稱為「半立憲」，是因為總統應該如同艾伯特那樣，發布緊急命令是為了處置危急狀況；常態性地動用緊急命令權，並不符合憲法宗旨。布呂寧政府轉變的背後，確實蘊藏著期望擺脫議會監督的總統等領導階層的心機，與軍方、保守派市民及工農業界各方角力，但同時也是出於對納粹黨強烈的疑慮和不信任。當時德國各界對納粹黨絕非毫無警戒。

半立憲總統內閣陷入僵局

布呂寧的總統內閣，雖在以社會民主黨和中央黨為主的多數國會議員支持下維持運作，但興登堡總統和保守派對這個依靠國會運作的半立憲統治方式深感不滿。總統任期將在一九三二年四月結束，各方為了準備總統選舉進行協商。興登堡已屆八十五歲高齡，有人對他的健康狀況表示擔憂，但最後眾人仍期望他再次當選。興登堡的競選對手是希特勒。最後在布呂寧等人的努力下，興登堡成功連任。但在這次選舉中，支持興登堡的選民與七年前總統大選時完全相反，以社會民主黨和中央黨等共和國派支持者為主。故而對興登堡來說，這次的當選是一場失去原有支持者的苦澀勝利。對總統滿懷期待的保守團體，開始迫切希望於興登堡就任期間完全擺脫代議民主制。五月底，由於布呂寧的外交折衝，賠償問題終於獲得解決，但興登堡卻在此時解除了布呂寧的總理職務。布呂寧爭取免除支付賠償，倘若是在一九二〇年代實現，必然會是重大功績。但當時的德國將近五百萬人失業，其中還高達兩成未能取得請領現有三種官方補助的資格，國民實在高興不起來。國民要的不是外交成就，而是與自己生活息息相關的內政具體成果。此外，據說從一九二一年被要求賠償開始，至一九三二年為止，德國已經支付了原定賠償總額的五分之一。

興登堡總統選擇的下任總理，是中央黨的普魯士議會議員法蘭茲．馮．巴本（Franz von Papen）。他出身貴族，是名鮮有人知的帝國時代軍人。巴本內閣成員也有許多人出身貴族，遭戲稱為「男爵內閣」，完全違背了時代潮流。身為極端保守主義者的巴本，將社會民主黨根據地普魯士政府收歸中央政府管理（普魯士政變），還更進一步縮短了失業保險給付期，造成失業人口上升。在國會得不到多數派支持的他解散國會，期待產生新的國會結構。然而在一九三二年七月底選舉中選出的國會別說支持政府，根本就無法維持正常運作，因為依賴城市市民支持的中間派諸政黨在這次選舉嚐到了毀滅性的敗績。另一方面，納粹黨獲得了百分之三十七的選票，躍升第一大黨，共產黨也得到近百分之十五的票數，兩黨在國會奪下過半數席次。巴本在不得已之下，只好期待納粹黨的協助，安排興登堡總統與希特勒會面。但希特勒堅持要求總理職位，拒絕巴本提議的副總理一職，雙方未達成共識。九月，國會對巴本內閣提出不信任案，在五百一十二票贊成、四十二票反對的結果下，以絕對多數通過，政府只獲得了國會百分之八的支持率。這顯示出政府完全不受國民信任。但巴本並未辭職，而是再度解散國會，重新舉行選舉。敵視代議民主制的巴本打算反覆解散國會，直到國會接受他為止。

在十一月的這場選舉中，納粹黨的議會席次雖然減少，但第一大黨的地位依然不變，而共產黨與保守派政黨席次則增加。過去的民主黨僅獲得兩席，走向泡沫化。總統也判斷巴本內閣難以繼續維持，於是任命國防部長庫爾特．馮．施萊謝爾（Kurt von Schleicher）接任總理，期待能獲得國民接納。施萊謝爾在巴本內閣裡努力設法擴張受《凡爾賽和約》限制的軍備，但他對於巴本不願傾聽國民心聲、漠視群眾基礎的態度深感擔憂。他在大戰時沒有直接指揮軍隊的經驗，在戰後的共和國當中扮演軍方和政府之間的斡旋角色，擅長掌握政治風向，素有「政治將軍」之稱。施萊謝爾計畫與支持社會民主黨的自由工會領導人，以及納粹黨的組織領導人格烈戈．史特拉瑟合作，不依賴國會，建立支持政府的群眾基礎。可是這個嘗試很快就宣告失敗。自由工會並未接受施萊謝爾的邀請，而史特拉瑟雖對施萊謝爾的提議展現善意，但由於希特勒的反對，他只好辭去所有黨職，離開納粹黨。此事再次證明希特勒在納粹黨內是個具有領袖魅力的獨裁者。巴本在這段期間仍持續謀劃捲土重來；一九三三年一月，施萊謝爾辭掉總理職務，巴本立刻說服興登堡同意希特勒接任總理，與保守派的國家人民黨聯合組成內閣。此時總統親信與支持勢力也判斷，已經不可能再繼續漠視國會和選民的存在。

越來越窄的選擇

於是，表面上看似回到布呂寧政府時期，一個由國會第一大黨和保守派攜手合作的新政府成立。但實際上，那卻是一個反對代議民主制的政府。

我們來回顧一下，自一九三〇年三月布呂寧內閣成立到一九三三年一月希特勒內閣成立為止，大約三年的期間，政府、國會與國民（選民）之間到底發生了哪些變化。

首先是國會的功能急遽衰退。一九三〇年國會雖然也曾經歷過解散重選，但會期仍有九十四天；一九三一年會期則減少為四十二天，不到前一年的一半；再到一九三二年，該年舉行總統大選並兩度解散國會重選，會期只剩下十三天。與此成反比，總統發布緊急命令的次數卻是逐年遞增，分別是五次、三十三次、六十六次。換言之，國會在一九三二年已實質停止了審議法案，根本無法發揮應有功能。同時這也意味著，總統及其親信實質上阻斷了國會這個傾聽民意的管道。儘管如此，在這段期間舉行的四次國會選舉，投票率全都超過八成。部分農民和中產階級選民在一九二〇年代後半開始脫離基盤政黨，對提倡擁護個別利害關係的政黨產生期待；但一九三〇年以後，經濟蕭條日趨嚴峻，他們被迫做出抉擇——是要如同社會民主黨和中央黨的支持者那樣，繼續支持基盤政黨；或是放棄基盤政黨和維護個別利害關係的政黨，支持做為全民政黨的納粹黨。另一方面，工人階層面臨的抉擇，則是要繼續支持社會民主黨，或是轉向已是純粹的工人政黨的共產黨。

另外，從各政黨支持者的投票行為，也可看出這三年間變化的些許端倪。

首先是提倡維護個別利害關係或特定地域政黨，由於缺乏穩定的支持者，僅能成為曇花一現的存在。至於仰賴基盤的政黨，倘若缺乏政黨組織或有力的利益團體支持，在經濟大蕭條的影響下，也只能迎向萎縮或消失的結局。相反地，就算是基盤政黨，但若如社會民主黨一般歷史悠久且政黨組織健全，只要自由工會、支持共和國的團體「國旗團」或一九三一年設立的「鋼鐵陣線」（Eiserne Front）等支援組織發揮功能，就能將選票的流失抑制在某個範圍內。中央黨也出現類似的情況：諸如天主教會福利機構提供的援助，以及給予因經濟蕭條而擔憂家計的女性建議或鼓勵，這些在其他黨派裡不大看得到的活動，就成為維持中央黨得票的基礎。即使是在經濟大蕭條期間，中央黨的投票率或得票數也是變動幅度最小的。

儘管如此，若綜觀既有政黨的整體情況，仍能看出某種共通性：這些政黨除了等待經濟大蕭條的危機過去外，皆未能提出任何具體的經濟政策或積極的改善策略，也未能提出度過危機後的展望或未來藍圖。簡而言之，這種態度無非是期待德國在大蕭條結束後，社會能回歸原狀。一九三三年初，德國失業人數達到六百萬人，由於長期失業人口增加，政府又再度縮短請領失業保險補助的期間。一九三二年時，失業保險因領取人數下降為全體的百分之十五而轉虧為盈，但另一方面，領取其他失業補助者占百分之六十五，喪失領取扶助資格者（完全失業者）則占百分之二十。這樣的現實，讓多數國民期待的不是回歸原狀，而是一個全新的社會，即便只是幻想也好。經濟大蕭條持續了長達四年以上，除了回歸大蕭條前的原狀外，對未來無法提出其他願景的政黨，大概也無望吸引更多選民的支持。這意味著基盤政黨正是由於依靠支持基盤才能維持，因此無法轉換成全民政黨。當然，像社會民主黨和中央黨的支持者那樣，追求回歸原狀的國民依然很多。即使是納粹黨，最後也未曾在符合自由選舉原則的選舉中贏得過半數席次。

另一方面，否定現有體制的納粹黨和共產黨，都傾全力展示改變現有體制的未來藍圖。納粹黨內部從一九三二年起，就將共和國時期稱為「體制時代」（Systemzeit）。納粹黨雖未詳細說明該詞意涵，但該詞隱含著德國本來沒有、自外部輸入的人造體制之意，是一種蔑稱（納粹德國時期便改以Systemzeit一詞稱呼共和國時期）。換言之，納粹黨所描繪的未來藍圖是以民族國家為共同體，團結德國國民，在希特勒的領導下成為歐洲霸權，並在東方（蘇聯）建立生存圈（設立殖民地）。另一方面，共產黨則提出社會主義的未來藍圖：倘若經濟蕭條是在資本主義制度下必然的週期性現象，那麼只有轉換為社會主義制度才能解決。共產黨提出的未來藍圖，實際上指的就是蘇聯。當時外界很難得知蘇聯社會主義的實際狀態，但資本主義危機在德國卻是每天都在經歷的現實；如此之下，主張迎向另一個不同的世界，即便是虛構的烏托邦，也會讓人覺得比較好。不過，共產黨過去在共和國初期曾反覆起義（革命），德國社會對此避之唯恐不及。再則，一次大戰時曾經以士兵身分投入東線的人們當中，也有些人目睹了俄國農村的貧困景況，而懷疑蘇聯。因此，支持共產黨的選民人數有一定限度。可以說，共產黨所勾勒的未來藍圖雖然曖昧，卻因為人們在某種程度上能推測出蘇聯的真實狀況，反而讓人不安。

至於納粹黨所使用的民族共同體概念，則稍微有點複雜。首先，「民族共同體」（Volksgemeinschaft）並非納粹黨創造的用詞。據說早在二十世紀初期，德國的青年運動就曾使用這個詞，威瑪共和時期則被賦予各種不同的意義。眾所周知的例子，就是長期擔任外交部長的施特雷澤曼，他以「團結國民」之意來使用這個概念。會出現概念上的曖昧，也是由於民族共同體的德文字首「Volk」的意義，會隨著使用者或時代而有所不同。因此在翻譯時會視時代和使用者之需，將「Volk」翻譯成人民（英文的 people）、國民（nation）、民族。當施特雷澤曼使用這個概念時，翻譯成「國民共同體」是正確的；但在納粹黨的使用情境下，則是指「民族共同體」，且此處的「Volk」還帶有種族主義的意涵。換言之，納粹黨提出的民族共同體，僅指「屬於德意志民族的人群集合體」，至於具體形象則曖昧不明。可是，這對納粹黨而言卻沒有任何問題。其中的曖昧就交由使用者各自詮釋即可。不做出容易引發爭論的解釋，就是納粹黨的策略。無論如何，重要的是獲得政治權力，具體手段和途徑則隨時靈機應變。這就是希特勒和納粹黨的想法。

在經濟大蕭條之下，既有政黨、共產黨和納粹黨彼此有所衝突，納粹黨為何能從中脫穎而出，成為第一大黨？欲釐清箇中原由，我們就必須重新回顧在此之前的總統、國會和政黨關係。

一九一九年至一九三三年為止，被視為是代議民主制的時代，也就是政府與國會經協議取得共識而施政的時代。可是才短短十三年之間，就經歷了二十一個政府交替；從數字上看，很難稱呼這是一個政治運作穩定的時代。

一九一九年至一九二四年，是個在大戰影響下內外衝突不斷的時期，期間共經歷九任內閣。超過一年的內閣只有一個，其他全是不滿一年的短命內閣，且自一九二三年到一九二三年年底為止，這段時間還得依靠總統緊急命令維持統治，因此很難看出國會和各政黨的運作狀況。至於一九二四年到一九二八年為止的時期，表面上看來似乎沒有太大變動，但期間六個內閣皆非國會多數派支持的內閣，而是少數內閣輪替。而且這段期間的總理只有兩位。換言之，就是由兩名政治家輪流執掌內閣。其中一人是中央黨的威廉・馬克思（Wilhelm Marx），在任期間相加總計超過一千日，是共和國時期在任期間最長的總理。話雖如此，今日就連專業的歷史學者也無法立刻列出他的具體實績，幾乎稱得上是默默無名。另一位是無黨籍的財務專家。這兩位擔任總理時的表現並非毫無手腕，比起在政策或理念上發揮個性，這兩位都更擅長於協調內閣。

在一九二八年選舉後，由社會民主黨人擔任總理，組成了為期較長、依靠國會大黨運作的大聯合政府。但內閣中因勞資關係問題形成激烈對立，無法整合出共識，而於一九三〇年三月解散。合憲的內閣也到此為止，接下來三個內閣皆為總統內閣。如此看來，威瑪共和時期的德國在國家體制上雖然實行代議民主制，但代議民主制是否真正發揮功能，則是個問號。

但若與同時代的其他歐洲國家比較，我們就無法對這點輕易提出批判。大戰後，歐洲大部分國家皆採行代議民主制。雖說如此，但在東歐和南歐等許多新興國家，代議民主制很快就失去機能，轉為獨裁體制。例如歷史悠久、卻在近代遭到分割的波蘭，大戰後再次統一並導入仿效法國的代議民主制。然而波蘭卻在國會三十多個政黨林立的狀況下，於一九二〇年代中葉由約瑟夫・畢蘇斯基（Józef Klemens Piłsudski）將軍發動政變，一九三〇年代以後更常常依軍方指示組織政府。類似的國家例子不少，但像波蘭一樣，儘管徒具形式卻仍保留議會的，反而是少數。兩次大戰間的戰間期也被稱作法西斯主義時代，就當時的情況而言，獨裁主義反而才是時代特徵。在這當中納粹德國成立、德國變成獨裁政體的時間反倒較遲，是歐洲第十個獨裁國家。

德國國民強烈擁護國民主權，抗拒全然無視民意的總統內閣，態度十分強烈。在這層意義上，代議民主制雖未能充分發揮功能，但國民們卻始終擁護國民主權這個基本原則。

以上，便是威瑪共和國歷史上出現的一連串「危機」。雖說都是「危機」，但性質和內容卻各有不同。初期的危機是圍繞著賠償問題的國外壓力和反共和國勢力的行動，但最後反而發揮了支撐共和國的作用。法國等國家以強權外交為手段向德國索討賠償，目的並不是為了推翻共和國，因為賠償能順利支付，前提在於德國國內局勢穩定，而非混亂。另一方面，德國國內的反共和國勢力也在面臨國外壓力的情況下，難以採取可能顛覆德國政府的行動。這也是軍方和保守派未曾斷然出手的理由。而之後在一九二〇年代後半出現的危機，也缺乏動搖共和國整體的影響力。一九三〇年代經濟大蕭條所帶來的危機，才是真正全面波及共和國、席捲所有國民的危機。

縱使總統內閣逐漸脫離國會監督，也不再受各政黨制約，僅憑自身意向施政，但國民能夠直接傳達要求的管道，終究只有國會，只能透過國會選舉表明民意。國會選舉的高投票率，無非反映出國民展現民意的願望。

	1919	1920	1924（I）	1924（II）	1928	1930	1932（I）	1932（II）	1933
具投票權者人數（萬人）	3,676	3,594	3,837	3,898	4,122	4,295	4,422	4,437	4,468
投票者（萬人）	3,052	2,846	2,979	3,070	3,116	3,522	3,716	3,575	3,965
投票率	83 %	79 %	77 %	78 %	75 %	82 %	84 %	80 %	89 %
議員總數（人）	421	459	472	493	491	577	608	584	647

威瑪共和國國會選舉數據表
根據 Ursula Büttner, *Weimar*（2008）製作

圖 3-3　柏林的衝鋒隊（1932 年）
1932 年，衝鋒隊在柏林的選戰中遊行的場景。隊伍右側配置兩名警察，是為了防止衝鋒隊與其他政黨發生衝突。在柏林，納粹黨因暴力傾向而風評不佳，社會民主黨和共產黨占有優勢。人行道上的市民們也沒有聲援衝鋒隊。可是一般認為，衝鋒隊的這種遊行在人煙稀少的農村地區，卻因為相當罕見且宛如慶典，而頗受好評。

希特勒聯合內閣的成立與「由下而上的國民革命」

繼施萊謝爾之後，國會第一大黨納粹黨領袖希特勒接任總理，由納粹黨與國家人民黨組成聯合政府，看來似乎是試圖讓國會重新恢復運作。新內閣的十一名閣員中，包含希特勒在內，只有三名納粹黨員，巴本以監督者身分就任副總理，其餘閣員都是巴本和施萊謝爾內閣的保守派。但由於兩黨席次加起來未超過半數，可想而知，將無可避免地維持行使總統特權的總統內閣。然而希特勒完全沒有遵從總統及其親信，以及巴本等監督者的打算。他要求再度解散國會，舉行新的選舉。國家人民黨提出異議，希特勒則說明這將是最後一場選舉，之後就解散國會，舉行選舉。這是半年內的第三場國會選舉，但這次選戰卻脫離常態，不但國會大廈遭到縱火*，納粹黨員與衝鋒隊員還被任用為輔助警察，讓社會民主黨和共產黨等政黨無法自由集會或進行宣傳活動。過去共和國的政黨數目曾經超過十五個，但一九三三年三月的選舉中大致上只剩下五個（納粹黨、國家人民黨、中央黨、社會民主黨、共產黨），皆為全國性政黨；其中除了共產黨（共產黨議員或被逮捕或流亡國外，因此國會沒有任何共產黨議員）之外，全都強化了不限特定職業和階層的全民政黨特質。可是納粹黨並未單獨獲得過半數選票，得加上共組聯合政府的國家人民黨票數，才勉強達成過半。人們對納粹黨的暴力和希特勒的獨斷主張依然懷有強烈的戒心和不安，而投票給納粹黨的人也不是全面贊成納粹黨與希特勒的主張。可是，希特勒政府仍對外宣傳納粹黨在選舉中獲勝，並邀請召開新國會。新國會唯一審議的案件，就是表決政府準備的《授權法》（*Enabling Act of 1933*）†。這是一項為期四年的臨時性法案，由於內含賦予政府立法權的違憲內容，所以必須在國會中取得三分之二以上的同意，才能修憲。這個剛勉強取得國會過半席次的政府，不僅剝奪所有共產黨議員的資格，還以威脅和欺瞞手法迫使中央黨屈服，更在進行表決時以衝鋒隊包圍國會。面對強勢恫嚇，這項法案在僅有社會民主黨反對的狀況下通過了。威瑪共和國的代議民主制就此瓦解。

在舉行選舉的同時，納粹黨還發動了「由下而上的國民革命」。納粹黨員、衝鋒隊和希特勒青年團（Hitler Youth，德文為 Hitlerjugend）及其他組織包圍了各地政府官舍和議會等場所，要求各邦政府、自治團體首長和議會辭職或解散，強迫各邦「納粹化」。因為這場「由下而上的國民革命」，各邦政府和各層級地方自治團體全都改由納粹黨統治。同時，納粹黨以外的政黨自行解散，國家人民黨也跟著解散，因此包含中央政府在內，短時間內便實現了納粹黨一黨專政。在這過程中幾乎沒有出現任何抵抗。納粹黨員人數在一九三三年一月時大約八十五萬人，而希特勒內閣成立後，新申請入黨者約有三萬人，增加幅度並不太明顯。然而《授權法》通過後，希望入黨者卻驟然增加。這是由於《授權法》的期限設定為四年，所以一般預測希特勒政權將會長期執政。申請入黨者蜂擁而至，僅在三月和四月就多達一百六十萬人，故納粹黨在四月底停止接受五月以後的入黨申

* 這起國會縱火案被納粹黨人宣稱是共產黨所謀劃，並下令逮捕共產黨人士。這也是為何後面提到一九三三年選舉及表決《授權法》時，共產黨人幾乎缺席。

† 德文正式名稱為《解除人民與帝國苦難法》（Gesetz zur Behebung der Not von Volk und Reich）。

請。不過，據說實際上每月只有兩千人左右利用各種關係順利入黨，人數根本微不足道。至於納粹黨之外的衝鋒隊、親衛隊（Schutzstaffel, SS）和希特勒青年團之類的相關組織則接受新成員申請加入，許多人便利用這些管道。人們引用一八四八年三月革命陣亡者的典故，稱呼這些加入納粹黨的人為「三月陣亡者」（Märzgefallene，嘲諷他們背叛主義和主張投靠納粹），批評他們是投機分子或機會主義者。實際上，他們曾投票給納粹黨的可能性也很高。只是，這些人在經濟蕭條下飽受長期失業之苦，即便他們是因預測納粹可能長期執政而投靠納粹黨，我們也實在難以輕易加以批判。

身為國民主權國家的納粹德國

希特勒能就任總理，大多都被解釋成是由於他激昂巧妙的群眾演說，以及納粹黨組織的群眾動員戰術、運用大眾傳播的宣傳能力等因素，讓納粹黨在一九三二年的兩度國會選舉中獲得勝利。但就算這些看法全部正確，納粹黨在自由選舉中得到最高票數的是一九三二年七月的國會選舉，支持率也才百分之三十七點三，獲得兩百三十個席次。即便是一九三三年三月那場已稱不上符合自由選舉原則的最後一次選舉，納粹黨也未能單獨獲得過半數席次。在此之前，在共和國國會選舉中擁有最高得票率、百分之三十七點九紀錄的，是一九一九年一月國民議會選舉（共和國最初的國會選舉）當中的社會民主黨。

德國的投票率相當高。英國和法國是代議民主制的先進國，即便是與兩國同時代的國會選舉相比較，英國的投票率是百分之七十至八十，法國是百分之八十，德國則不相上下。再看參政權，德國不分男女皆擁有完全平等的選舉權，而英國直至一九二八年女性選舉權都還存在年齡限制，至於法國則根本不承認女性選舉權。這種穩定的高投票率和拒絕重返舊帝國時代的表現，反映出在威瑪共和國時期，國民主權的意識已經廣泛深植於德國國民心中。

儘管如此，支撐代議民主制的國會運作，卻無法回應國民的期待。原因在於肩負國會運作的各政黨支持基礎結構，以及他們在國會的行動。共和國時期的政黨，大部分都是由舊帝國時代的帝國議會政黨和議員所組成。在帝國時期的議會，各黨派僅被要求對政府的提案進行審議，並表決同意與否，並沒有提出法案的權力。到了共和國時期，國會才被賦予決策功能（決定法律、外交和未來方針等等）和代表功能（傳達國民的要求），並期許代議民主制能夠在這兩項功能的調節下順暢運作。

可是，大多數具有影響力的政黨，他們共享的支持基礎，是被稱作「基盤」的生活圈群眾；這些人們在各自不同的政治、社會、文化和宗教觀下，擁有不同的職業、教育、居住區域等等。這類以基盤為基礎的政黨形成於帝國時期，進入二十世紀後情況比較安定，成為基盤政黨。然而到了一次大戰後期，面對社會和經濟的變動，基盤開始慢慢出現轉變和分化。這是走出基盤政黨、轉型成全民政黨的機會，然而各政黨卻反而越加執著於穩定和強化各自的支持基盤。所謂的基盤政黨，依靠的是某部分國民的基盤支持，因此要跨越基盤範圍、轉型成重視全體國民需求的全民政黨，需要相當的時間，以及政黨領導階層的決心。儘管如此，在一九二〇年代前半，《凡爾賽和約》要求德國負擔責任所帶來的外交壓力，對這種各政黨共通的基礎和組織樣貌未受到質疑。有關和約，特別是支付賠償問題，大部分國民期待的是能獲得修正和減輕，並希望最終能夠從中獲得解放，因此各政黨之間對立的問題退到幕後，沒有形成嚴重問題。

賠償問題於一九二四年暫時獲得解決，在一九二〇年代後半進入相對安定期後，由支持基盤不同所導致的政黨對立逐漸表面化，同時基盤變化也趨於明顯，並出現了自基盤政黨中分離、訴求更加狹隘的自身利害得失的新政黨。在一九二八年的選舉中，政黨會從原先的八至十個增加到十五個，主要就是農村地區內部利益衝突所造成的結果。這場選舉中訴諸維護個別利害關係的小政黨，他們的得票數雖只占總投票數七分之一，但也足以撼動既有政黨。政黨數目一旦增加，國會要形成共識也變得越加困難，也越發難以見到勇於承擔責任的作為。舉例來說，從一九一九年到一九三二年為止連續穩坐國會第一大黨的社會民主黨，也迴避承擔一個政黨應負起的責任。他們直到一九二八年才首度推出總理，且該內閣也在經濟大蕭條爆發的同時請辭，執政才不到兩年。

當國會實際上不再發揮決策功能時，政府就只能仰賴總統緊急命令，施行統治。布呂寧政府就是這種情況，這也為保守派和軍方創造了機會，藉由總統伺機建立威權體制。布呂寧確實未曾忽視國會的存在，但他毫不重視處理國內經濟蕭條，全心全意在外交上力求免除德國支付賠償，但後者在他擔任總理的期間早已不再是國民關注的問題。經濟大蕭條期間，總統、國會和國民（選民）三者陷入分崩離析的狀態。一旦經濟蕭條邁向長期化，國民之中就會出現一種日漸擴大的聲音，亦即不再關心個人利害或個別需求的救濟和解決，而是要求一個強而有力、能夠全面改革現狀的政治領導人，讓國家與國民成為一體（國民共同體）。換言之，面對席捲整個社會的危機，這個聲音期待的不是回歸原狀這種向後看的解決方針，而是一個可以展望未來的解決藍圖，建設一個可能解決整個社會問題的新社會。面對這樣的聲音，總統內閣也束手無策，最後只能任命獲得國民支持、位居第一大黨的納粹黨黨魁希特勒為總理。納粹黨否定威瑪共和國，主張轉換成新的民族共同體。雖然這時任誰都無法預測到，日後那將會是一個怎樣的社會。

第四章　近代國家形象的摸索

深町英夫

1　普遍與特殊

中國特殊嗎？

巴黎和會閉幕後不久的一九一九年十月十日，在中國，有一個政黨重新出發，更成了之後中國政治史上長達近三十年的主角。這個政黨就是中國國民黨。該黨的創設者孫文，從一九二四年一月起至八月為止，斷斷續續舉行了一系列的《三民主義》演講，宣揚以下主張：

> 中國的社會既然是和歐美的不同，所以管理社會的政治，自然也是和歐美不同，不能完全做效歐美，照樣去做，像做效歐美的機器一樣。……至於歐美的風土人情，和中國不同的地方是很多的，如果不管中國自己的風土人情是怎麼樣，便像學外國的機器一樣，把外國管理社會的政治硬搬進來，那便是大錯。

這種圍繞在政治體制上的文化相對主義，與二十一世紀的中國領導人拒絕西方民主制度，合理化中國共產黨獨裁統治的論調，有著不可思議的相似性。中國國家主席習近平於二〇一四年在比利時的歐洲學院（College of Europe）演講時，針對近現代中國圍繞著政治體制、不間斷地從錯誤中學習的歷程，就如此說道：

> 獨特的文化傳統，獨特的歷史命運，獨特的國情，注定了中國必然走適合自己特點的發展道路。我們走出了這樣一條道路，並且取得了成功。……世界是多向度發展的，世界歷史更不是單線式前進的。中國不能全盤照搬別國的政治制度和發展模式，否則的話不僅會水土不服，而且會帶來災難性後果。

這段話可說與孫文的主張如出一轍，是一種文化相對主義式的見解。不過，自一八九〇年代開始從事革命運動的孫文，一開始並不是個像這樣以中國社會與歐美社會的差異為由，希求特殊政治體制的人物；他反而假設人類歷史的發展過程，是單一線性且具普遍性的，並且疾呼中國應該追上歐美，進而超越歐美。

一九〇五年八月二十日，孫文以推翻清朝為目標，在東京成立了中國同盟會。在十月三十日創刊的機關刊物《民報》中，他如此說道：

余維歐美之進化，凡以三大主義，曰民族，曰民權，曰民生。（神聖）羅馬（帝國）之亡，民族主義興，而歐洲各國以獨立。（其君主）洎自帝其國，威行專制，在下者不堪其苦，則民權主義起。十八世紀之末，十九世紀之初，專制仆而立憲政體殖焉。世界開化，人智益蒸，物質發舒，（其速度）百年銳於（以前的）千載，經濟問題繼政治問題之後，則民生主義躍躍然動。二十世紀不得不為民生主義之擅場時代也。

圖 4-1　孫文

圖 4-2　梁啟超

孫文從線性的發展過程中，依序整理出民族主義、民權主義、民生主義三種思想（這在當時總稱「三大主義」，日後總稱「三民主義」），並表示「中國以千年專制之毒而不解，異種（滿洲人）殘之，外邦（列強）逼之，民族主義、民權主義殆不可以須臾緩」，認為中國也應效法歐美，實現民族主義和民權主義。

不過，孫文接著以「而民生主義，歐美所慮積重難返者，中國獨受病未深，而去之易」，暗示中國領先歐美的可能性。換言之，為了預防因貧富懸殊帶來階級衝突的「方來之大患」，他疾呼：「吾國治民生主義者，發達最先，睹其禍害於未萌……還視歐美，彼且瞠乎後也。」

至於預防階級衝突的具體方法，孫文指出，在歐美各國由於資本主義興盛，導致階級差距擴大，而面臨社會主義革命的危機，因此中國在建設民族共和國的同時，應實施「平均地權」政策。這個構想來自於美國社會運動者亨利．喬治（Henry George）在《進步與貧窮》（*Progress and Poverty*）一書中提倡的土地單一稅制。孫文似乎是在一八九六年至一八九七年旅居倫敦時，在大英博物館的圖書館閱讀了該書。

而在政治制度方面，孫文以導入西方民主制度為目標，同時亦盼望創造出超越西方民主制度的新體制。他批判康有為和梁啟超仿效日本及德國、提倡改行立憲君主制溫和改良主義的作法，並主張應從專制王朝直接跳到立憲共和，因為他相信後者是當時世界上最先進的體制。孫文在一九〇六年所撰的中國同盟會〈軍政府宣言〉中宣告：「凡為國民皆平等以有參政權。大總統由國民公舉，議會以國民公舉之議員構成之，制定中華民國憲法，人人共守。」

不過在一九〇六年十二月二日東京舉行的《民報》創刊一周年紀念大會上，孫文在演說中表示，僅仿效歐美採用三權分立仍然不足，應該再加上中國傳統制度中的「考選（選拔官吏）」與「糾察（監察官吏）」，制定五權分立的憲法。他說：「這不但是各國制度上所未有，便是學說上也不多見，可謂破天荒的政體……這便是（實現民族、民權、民生三大主義的）民族的國家、國民的國家、社會的國家皆得完全無缺的治理。這是我漢族四萬萬人最大的幸福了。」

放棄普遍性嗎？

在孫文二十世紀初所表明的體制構想中，透露出近代中國人摸索國家形象的兩個動機。一個是對符合普遍性世界潮流的追求，另一個則是主張中國特殊性地位的願望。但無論是採中國或歐美優先，雙方都同樣得歷經線性發展且具普遍性的歷史過程，這樣的歷史觀被預設為不證自明之理。

誠如前述，以孫文為首的革命派，與康有為和梁啟超等人的改革派，爭論著中國應採用何種政體。後者在一八九九年組成保皇會，企圖救出在戊戌政變中遭西太后幽禁的光緒皇帝，並試圖恢復其權力，在日本、東南亞、北美與夏威夷等地與中國同盟會角力，爭取當地人士支持。然而這樣的他們，歷史觀卻意外地與革命派大同小異。

一九〇六年，梁啟超在他於橫濱主辦的《新民叢報》上，相繼發表了一連串評論，批判《民報》的革命論。不過他也主張應基於國民全體意見實行共和政治，這是全體人類皆具備的能力，但亦申明，為此必須透過階段性發展，從專制歷經「開明專制」與「君主立憲」，再逐步邁入「共和立憲」，慢慢培育出能夠肩負共和政體的國民。梁啟超警告，這一連串過程在歐美各國甚至都需要數百年，若要在人民還不成熟的中國發起革命，立刻跳到「共和立憲」階段，將不可避免地招致混亂，並招來列強干涉。

對此，身為孫文親信的汪精衛在《民報》上反問，難道必須仿效歐洲，從「古代國家專制」歷經「中世寺院專制」，才能到達「近世民權發達」嗎？並表示倘若接觸先進文化，後進文化便能經由模仿，產生飛躍式的進化。這個主張應是延伸自孫文一九〇五年八月十三日在東京對中國留學生演講詞中的一段論述：

> 又有說歐美共和的政治，我們中國此時尚不能合用的。蓋由野蠻而專制，由專制而立憲，由立憲而共和，這是天然的順序，不可躁進的；我們中國的改革，最宜于君主立憲，萬不能共和。殊不知此說大謬。我們中國的前途如修鐵路，然此時若修鐵路，還是用最初發明的汽車，還是用近日改良最利便之汽車，此雖婦孺亦明其利鈍。所以君主立憲之不合用于中國，不待智者而後決。

對於中國人應採用何種政體，革命派的激進論和改革派的漸進論衝突劇烈，但同時雙方又都對普遍主義的歷史觀抱持著堪稱單純的信念，皆認為人類的歷史是線性發展。因此，當中國經由辛亥革命，實現從君主制轉換為共和制後，革命派和改革派便不再就體制問題進行爭論，而是在之後成立的議會中互相競奪勢力。

然而經過第一次世界大戰，就如本章開頭提到的，孫文逐漸轉向為酷似二十一世紀中國領導人觀點的文化相對主義。他構想了一個由革命黨獨攬政權的「黨國體制」，該體制最後由中國共產黨自中國國民黨那裡繼承，成為今日被稱頌為最符合中國「國情」的政體。我們可以把這想成是源自於他先前言及的、對中國特殊性的執著。但若將這份執著與隨之而來的、對普遍性的放棄，全都歸結至現代中國的政治體制，那麼一九一〇年代到一九二〇年代的這段過渡期，正可謂是中國歷史上對近代國家形象追求的轉捩點。

孫文在一九二五年去世，後繼者胡漢民、汪精衛，以及蔣介石率領中國國民黨，在一九二六年至一九二八年的國民革命軍北伐後暫時統一全國，同時也根據孫文「遺教」，致力建設近代國家。然而孫文「遺教」是其思想歷程的總結，裡頭包含了不少互相矛盾的要素，例如上述的普遍性和特殊性，堪稱是極具多義性的思想體系。再加上二十世紀前半國際局勢不斷變化，中國人應當參照的事例和思想也極為多樣，這些都促使孫文的後繼者們前赴後繼地去嘗試和摸索。

本章將探討在二十世紀前半中國政治史上肩負重責大任、以孫文為首的中國國民黨領導人們，他們試圖以革命構築何種體制，想讓中國重生為何種近代國家，在那當下又是如何理解先進各國的事例。然後，以一九一九年為轉捩點，他們的思想又產生了何種變化。

2 對民主制度的懷疑

寡頭統治帶來的福音

以一九一一年十月十日的武昌起義為契機，辛亥革命正式爆發。翌年一九一二年一月一日，孫文就任臨時大總統，中華民國臨時政府南京成立。然而革命政權的軍事力量還不足以獨自打倒殘存在北京的朝廷，於是他們與率領清朝北洋軍、最有權勢的官員袁世凱妥協，以迫使宣統帝溥儀在二月十二日退位做為交換條件，由袁世凱代替孫文，繼任中華民國臨時大總統。

孫文在辭去臨時大總統的職位前，於三月十一日公布了《中華民國臨時約法》（暫定憲法，簡稱臨時約法），該法為了牽制袁世凱，賦予議會強大的權限。一九一二年末至一九一三年初舉行國會和省議會議員選舉，雖然選舉權仍設有諸多限制，但擁有選舉權者將近總人口的百分之十。日本一八八九年擁有選舉權的人口比率是百分之一，一九〇〇年是百分之二，一九一九年是百分之五點五。比較之下，可知中國的選舉制度在當時是既先進且民主的。

選舉結果揭曉，改組自中國同盟會的國民黨成為國會第一大黨。但選出的國會卻因缺席議員數過多，而接二連三地流會，又因議員不遵守議場秩序耽誤議事進行，使輿論逐漸對國會產生幻滅，批判聲浪日益高漲。另一方面，受國會牽制而心生不滿的袁世凱，先是暗殺了國民黨最高領導人宋教仁（有說法指出首謀是袁世凱心腹），還在未獲國會同意下與列強簽署借款契約，透過威脅利誘

奉天
直隸省
北京
天津
內蒙古
山西省
黃河
山東省
青島
甘肅省
黃海
陝西省
河南省
江蘇省
南京
安徽省
上海
長江
湖北省
四川省
武漢
(武昌)
浙江省
湖南省
江西省
東海
貴州省
福建省
桂林
臺灣
雲南省
廣西省
廣東省
廣州
香港
法屬
印度支那
南海
N
0
300km

辛亥革命時的中國

一步步擊潰國民黨議員。

孫文因此在一九一三年夏天發動二次革命，企圖打倒袁世凱政權。他敦促李烈鈞（江西）、柏文蔚（安徽）、陳炯明（廣東）、譚延闓（湖南）等國民黨籍都督（省軍政長官）舉兵，但短時間內便遭鎮壓。十月六日袁世凱被國會正式選為大總統，十一月四日強迫國民黨解散，並在翌年一九一四年一月十四日宣布解散國會。這個因辛亥革命成功而得以建立、既先進且民主的中華民國議會制度，還不滿一年就夭折了。而這段期間政治的混亂，不僅讓勝利者袁世凱、也讓失敗者孫文對於仿效西方和日本的代議制與間接民主制一事產生懷疑。

二次革命失敗後，面對如何因應時局，許多流亡海外的有力國民黨人意見分歧而形成分裂，但這也是個起點，讓他們重新檢討過去所信奉的自由平等理念、甚至整個西方民主制度，並形塑出日後持續至今的思想。很快地，一九一三年九月二十七日，孫文為發動三次革命，在東京準備創立中華革命黨。他要求入黨者在附有「願犧牲一己之生命自由權利，附從孫先生再舉革命」這段文字的誓約書上簽名並捺指紋，並於下文提到的成立大會中，將「附從孫先生」一句改成「統率同志」，進行宣誓。

然而國民黨內部影響力僅次於孫文、同樣流亡東京的黃興以實力不足為由，反對立刻再次發動革命，並強烈批判簽署誓約和捺指紋的要求，拒絕入黨。贊同黃興拒絕入黨者相繼出現，紛紛表示要求服從個人乃違反自由平等理念，捺指紋等同將人視為犯罪、是對人格的侮辱。他們認為所謂的自由平等，不僅僅是革命所要實現的結果，在革命的過程中也必須同樣受到尊重。

圖 4-3　袁世凱

圖 4-4　民國初期的國會
1913 年 2 月 1 日，刊登於法國《插圖畫報》上的民國初期國會圖片。

相對於此，孫文希望確立自身於革命運動當中的絕對領導地位，此處有一個重要意涵：他和黃興等人不同，對於自由平等的理念已經顯露出懷疑和否定的態度。因此，孫文在一九一四年六月十五日寫給黨員的信中，批判中國同盟會和國民黨「當時立黨徒眩於自由平等之說，未嘗以統一號令、服從黨魁為條件耳」。

接著，孫文援引羅伯特・密契爾斯（Robert Michels，當時譯為密且兒）的《寡頭統治鐵律：現代民主制度中的政黨社會學》（*Zur Soziologie des Parteiwesens in der modernen Demokratie*）並表示：「謂平民政治精神最富之黨派，其日常之事務，重要行動之準備實行，亦不能不聽一人之命令。可見無論何黨，未有不服黨魁之命令者，而況革命之際，當行軍令，軍令之下尤貴服從乎？」

密契爾斯是德國出身的社會學者，曾經擔任瑞士巴塞爾大學和義大利佩魯賈大學的教授；他主張所謂寡頭統治的鐵律，指出即使是像德國社會民主黨那樣進步的政黨，隨著組織的擴大，權力也會集中於少數人身上。密契爾斯原是個社會主義者，但晚年對法西斯主義產生共鳴。他以某種看破現實的心態，指出權力集中是伴隨著民主制度不可避免的難題。孫文則與密契爾斯的想法不同，他反而視之為可以拯救自身革命運動窘境的福音，並積極援用這項最新學說。

再則，《寡頭統治鐵律》的德文原版出版於一九一一年，孫文根據的大概是一九一三年大日本文明協會發行的日文版（英文版出版於一九一五年）。為日文版作序的後藤新平，曾在過去擔任臺灣民政長官的一九〇〇年時向孫文承諾，將會支援武裝起義。孫文有可能是因此緣故才接觸該書。

孫文少年時代曾在夏威夷和香港接受教育而學習英文。旅居日本期間，他也從丸善書店大量購買英文書籍閱讀。但一般認為，他的日文能力應該不足以閱讀和理解學術著作。因此，孫文大概是通過擔任日語通譯的親信戴季陶，理解《寡頭統治鐵律》日文版的內容。

前衛黨*的構想

孫文將黨員與黨的關係比擬成官吏與國家，說明革命黨員也「當先犧牲一己之自由平等，為國民謀自由平等，故對於黨魁則當服從命令，對於國民則當犧牲一己之權利」。他在此否定了黨員於革命過程中的自由平等，認為這並非革命應實現的國民自由平等。換言之，為了達成目的使國民獲得權利，他主張黨員須以放棄權利做為手段。

然而，這個目的與手段之間的區別未必清晰明確，也在革命應樹立的體制之構想，投下了微妙的陰影。黃興離開日本前往美國，之後中華革命黨以孫文為總理，於一九一四年七月八日舉行成立大會。大會上公布的《中華革命黨總章》中，提出了「軍政—訓政—憲政」三階段革命論，將以軍事力量掃除一切反革命勢力的「軍政」以及透過地方自治訓練國民的「訓政」兩個時期，所謂「自革命軍起義之日至憲法頒布之時」，命名為「革命時期」。同時，總章明文規定「在此時期之內，一

＊日文作者特別使用「前衛黨」一詞，來指涉孫文的革命黨構想：由自己獨攬大權所掌控的專制組織，以推動革命事業。但孫文在史料裡只使用了「革命黨」。此處保留原作者用詞，但閱讀時可將之視為革命黨，特此說明。

切軍國庶政，悉歸本黨負完全責任」。這意味著從發動起義開始到樹立政府，整個革命過程將由中華革命黨一黨掌握。

此外，依據入黨時期，總章將革命黨員分成「首義黨員」、「協助黨員」、「普通黨員」三個等級，於「革命時期」享有不同的政治權利。「首義黨員悉隸為元勳公民，得一切參政、執政之優先權利；協助黨員得隸為有功公民，能得選舉及被選權利；普通黨員得隸為先進公民，享有選舉權利」。相對地，總章亦明定「凡非黨員，在革命時期之內，不得有公民資格」。由此可看出孫文的企圖，只想帶領服從自己領導者發起革命。

當革命進行到「俟地方自治完備之後，乃由國民選舉代表，組織憲法委員會，創制憲法」，亦即到達「憲政」階段後，則「國民一律平等」。然而，即便是暫時性的階段，但孫文仍希望透過發誓絕對效忠自己的黨員，組成所謂的前衛黨，實行有期限的獨裁專制。這個違反民主主義理念的構想，自然引起許多國民黨員的反感。

況且，通過「軍政」與「訓政」手段實現「憲政」目的，這句話既可解釋成從地方到中央按階段循序漸進參與政治的民主制度，也可解釋成肅清不服從革命黨勢力的極權主義體制，涵義不僅曖昧且有歧異。至於捺指紋引起眾人反感，對此孫文在一九一四年十二月五日寫給黨員的書信中主張：「第三次革命之後，決不如第一次（革命）之糊塗，將全國人民名之曰國民；必其有心贊成共和，而宣誓註冊者，乃得名之曰國民。」

孫文說明捺指紋是「乃欲他日行之於全國國民者也」，表達了希望「他日全國」能「一律遵行」之意。在此他雖未提到捺指紋時應如革命黨員入黨之際，同時宣誓對黨魁孫文個人的絕對服從，但孫文卻也稱中華革命黨是「未來國家之雛形」，似乎構想著最終要讓革命黨組織滲透到整個中國社會。

這種革命的方法論，是根植於孫文對自己領袖魅力的強大自信，以及與這份自信互為表裡的、對中國人民的不信任感。面對嘗試調解他和黃興紛爭的日本同志宮崎寅藏（滔天），孫文如此放話：「支那人皆碌碌無為，惟我一人豪！我乃支那救世主。從我者，皆隨我來！」另一方面，他也在某封信中寫道：「民國有如嬰孩，其在初期，惟有使黨人立於保姆之地位，指導而提攜之，否則顛墜如往者之失敗矣。」這種唯我獨尊的傾向，令許多有力國民黨人敬而遠之。不僅黃興，李烈鈞、陳炯明、譚延闓也拒絕加入中華革命黨；柏文蔚雖一度入黨，但不久也與孫文分道揚鑣。

就連從中國同盟會成立之初即是孫文忠實親信的汪精衛，也退出革命運動，開始質疑孫文個人的人品。汪精衛在一九一四年九月十七日寫給旅居歐洲同志的書信中，吐露過去中國同盟會準備在越南武裝起義時，孫文曾安撫酷暑難耐的側室陳粹芬：「待我打到北京，給頤和園於爾住」。這大概是一時敷衍的玩笑話，但汪精衛從「元勳公民」的規定聯想到此事，坦言：「聞之愕然，自是恆不樂。」孫文出於革命家之義務，意圖獨握大權，汪精衛則理解成支配者的享受特權；前衛黨義務與權利的雙重性，可謂是一個持續至後世的難題。

利用傳統的先驅

這段期間，早已破壞議會制度的袁世凱，在國內逐漸確立了獨裁體制；諷刺的是，他為了確立獨裁體制，形式上必須要有代表民意的機關。之前決議解散國會的，是一九一三年十二月十五日成立的政治會議，這是由中央和省政府共派代表參與的諮詢機構。根據政治會議決定，約法會議於翌年一九一四年三月十八日舉行，會中起草擴充大總統權限的《中華民國約法》，該法由袁世凱在五月一日公布。依《中華民國約法》規定，將主要召集具有官職經驗者組成參政院，並同時設置立法院，經由選舉組成（實際上未設置）。

然而隨即而來，對袁世凱而言最大的威脅，卻來自外部。第一次世界大戰於一九一四年七月二十八日爆發後，歐洲列強勢力退出東亞，日本趁隙確保並擴張於中國的權益，在十一月七日占領德國租借的青島，更在翌年一九一五年一月十八日對中國提出二十一條要求。為了試圖抵抗，袁世凱政權洩漏日本要求的內容，以便喚起國內外輿論的批評，但最終還是屈服於日本的壓力，在五月九日大致接受了要求的內容。

這份屈辱似乎讓袁世凱認為，若不建立更強而有力的中央集權，就無法維持中國的獨立，因而他著手推動恢復帝制，準備自行即位稱帝。一九一五年八月三日，袁世凱政權的御用報紙《亞細亞日報》刊載了顧問美國政治學者弗蘭克·古德諾（Frank Johnson Goodnow）的〈共和與君主論〉。文中闡述，在教育尚未普及、人民仍不熟悉政治的中國，因辛亥革命而從專制突然轉為共和，未免太過性急；與其採用共和制，不如推行君主制，才更容易推行立憲制度。

這種建言，顯然與過去梁啟超根據線性歷史觀所提出的歷時性（diachronique）漸進論極為類似。但古德諾主張，符合歷史習慣以及社會經濟狀況與否，才是決定國家體制的依據；這說明每一個國家最適合的體制各有其共時性（synchronique）的多樣性，其中亦可用文化相對主義的政治發展論來解釋。古德諾的觀點，大概更符合袁世凱傾向宣揚儒教的偏好；袁世凱即在一九一四年九月二十八日舉行了祭孔典禮。只是，袁世凱絕非單純的復古主義者。同年十二月二十三日舉行的祭天儀式被宣揚為是一場符合新時代、全國國民都應該參與的祭典。

以古德諾的建言做為依據，袁世凱的親信們在一九一五年八月十四日組成籌安會，擁戴袁世凱為皇帝。根據九月二十八日參政院通過的《國民代表大會組織法》，自十月二十五日起在各省舉行國民代表選舉，十一月二十日之前經國民代表投票，將政體從共和制變更成君主立憲制，推戴袁世凱為皇帝。不用說，過程當然是由袁世凱主導，透過各種機關和選舉，藉由形式上的民意展現來強化自身權力。可以說，不管是傳統的祭祀和儀式，還是近代的政治參與制度，都被軍人政治家利用為強化獨裁權力的手段。

不過，這時的梁啟超，也在一九一五年八月二十日上海的《大中華》雜誌發表一篇題為〈異哉所謂國體問題者〉的論說文。他表示，如今既已實現共和制，為了避免再次革命引發混亂，應當維持現有體制。雲南、貴州、廣西等各省軍閥紛紛響應梁啟超的論點，發動提倡維持共和制的護國運動，從十二月起至翌年三月接連宣布獨立。之後列強與袁世凱親信的北洋軍人也反對帝制。日本政府更承認護國軍為交戰團體（belligerent），提供他們支援，企圖推翻袁世凱政權。

四面楚歌的袁世凱，不得已在三月二十二日取消帝制，六月六日在失意中猝逝，由副總統黎元洪就任大總統，護國運動也因而平息。在這段期間，孫文於四月二十七日從日本抵達上海，獲得日軍的協助，在山東省和廣東省零星發動了幾場武裝起義，但無法在國內取得任何地位，便在七月二十五日指示中華革命黨停止活動。

孫文和袁世凱在辛亥革命時連結成奇妙的合作關係，二次革命後成為不共戴天之敵，然而兩人皆對西方民主制度抱持懷疑，各自摸索新的體制，卻也都未獲得廣泛支持而受挫。然而，孫文以前衛黨獨掌權力的構想，與袁世凱的近代復興儒教的文化相對主義也互為呼應，不久後便成為摸索近代中國政治體制的新潮流之濫觴。

3 摸索新制度

提出直接民權論

一九一六年六月二十九日，由副總統升任為大總統的黎元洪宣布重啟國會，中國恢復了睽違約兩年半的議會制度。但從這時期起，孫文開始批判間接民主制，並提倡新的政治制度，宣稱可以取而代之。七月十五日和十七日，他向逗留在上海的國會議員和各界人士發表了兩場演說，披瀝自身關於政治制度的構想。這或許是在時局變遷中被視為局外人的他，所能做出的最大抵抗。

孫文以「歐美之共和國，創建遠在吾國之前，二十世紀之國民，當含有創制之精神，不當自謂能效法於十八、九世紀成法，而引以為自足」，表達出當超越既有民主體制之意。即是他認為「共和政體為代表政體」，而「代議政體旗幟之下，吾民所享者，祇一種代議權」，因此疾呼也應該在中國實行近年美國和瑞士採用的「直接民權」。

然後，孫文介紹了三種人民應享的權利，即一九一三年在美國克利夫蘭（Cleveland）實施的新地方自治制度的構成要素。第一，相對於選舉權的「罷免權」（recall）。第二，因為「以前議會立法，雖違反人民意志，人民無法取消；或得資本家賄賂，將有益公眾之事，寢置不議，此皆異常危險」，所以要讓人民享有能夠提議制定法律的「創制權」（initiative）。第三，可要求廢除違反人民意志的法律，對於議會制定的法律若存疑，則可要求重新審議的「複決權」（referendum）。

孫文表示以縣為單位，在全國約三千個縣實施這種地方自治制度。然後他闡述：「令此三千縣者，各舉一代表；此代表完全為國民代表，即用以開國民大會，得選舉大總統。其（國民大會）對於中央之立法，亦得行使其修政之權，即為全國之直接民權。」

設置與既有議會制並行的民意代表機關，猶如疊床架屋。更何況歸根結柢，國民大會的代表制也等於是回歸間接民主，自然與「直接民權」的主張互相矛盾。總之，我們可以認為，在中華革命黨的三次革命失敗後，孫文希望提出新的政治參與制度，以便做出區隔，對比於那個將自己排除在外、已然恢復的議會制度。

再則，罷免權、創制權、複決權，這三權確實可彌補間接民主制的不足；孫文認為應以這三權取代代議制，做為未來普遍實施的政治制度，這點展現出他試圖凌駕近代的強烈志向。也就是說，他如同孫文從喬治的土地單一稅制及密契爾斯的政黨社會學中發想出平均地權論和前衛黨革命論，他也同樣援引西方各國仍尚未普及的政治思想，企圖創造出具普遍性的新體制。不過諷刺的是，孫文在不久後就以既有議會制的積極擁護者姿態，重返政界。

袁世凱死後，北洋軍分裂成段祺瑞等人的皖系和馮國璋等人的直系，在各省號稱督軍（軍政長官），形成割據之勢，彼此競奪北洋政府的主導權。一九一七年三月十四日，在美國、日本和英國的催促下，中國與德奧兩國斷交；期盼藉由參戰之名獲得日本支援的國務總理段祺瑞，遭持反對意見的大總統黎元洪在五月二十三日罷免。控制東北，華北及華中各省的皖系軍人便在段祺瑞指示下，宣布獨立。

安徽省督軍張勳趁此機會派遣部隊前往北京，逼迫黎元洪在六月十三日解散國會，並於七月一日擁宣統帝溥儀復辟，然段祺瑞部隊於十二日鎮壓北京，復辟以失敗告終。段祺瑞在十四日恢復國務總理的職務，他公開要求黎元洪辭去大總統一職，因此八月一日由副總統馮國璋就任代理大總統，可是段祺瑞拒絕恢復國會和臨時約法，在十四日向德國和奧地利宣戰。而在這段期間的華南（西南）各省，前一年主導護國運動的粵系和滇系軍閥反對復辟，擁護臨時約法，自北洋政府獨立的傾向日益強烈，於是南北兩方勢力在各地形成軍事對立。

將這一連串混亂視為良機的孫文，尋求粵系和滇系的協助，於一九一七年七月十七日抵達廣州後，立即向南下天津及上海避難的舊國會議員發出呼籲，「唯西南諸省擁護共和，歡迎國會」，號召眾人匯集。於是，這群人運用了德國以阻止參戰為條件送來的資金，在廣州聚集了約一百三十名舊國會議員，於八月二十七日舉行了國會非常會議（因未達法定人數，故以此名義召開）。

九月一日，孫文經國會非常會議推舉為陸海軍大元帥後，組成中華民國軍政府，鼓吹「護法」，對抗北洋政府（國會非常會議通過決議，於九月二十六日向德奧宣戰）。因此，這個在法理上賦予廣州軍政府取代北洋政府正統性的國會，是不可或缺的存在；恐怕也是由於這個緣故，這時期的孫文不再提及批判當前議會制度的「直接民權」主張，將這番言論封印起來。

不過，孫文所期待的粵系和滇系軍閥，並不希望與北洋政府直接對決，幾乎全數拒絕就任軍政府要職，他只好以廖仲愷、胡漢民、戴季陶等親信填補缺額。然而，孫文也在不久後遭西南軍閥奪走軍政府的主導權，只好在一九一八年五月四日辭掉陸海軍大元帥一職，回到上海專心從事著述。

再次提出前衛黨革命與直接民權

企圖以武力統一南北的段祺瑞，在一九一七年至一九一八年間接受來自日本的西原借款，同時簽署《中日共同防敵軍事協定》，並於一九一八年十二月在北京運作成立「新國會」。為使親段的安福俱樂部成為新國會多數派，這場排除西南各省而實施的選舉，對選舉權的限制較之前一九一二年至一九一三年的選舉更嚴格。為了與之對抗，廣州的國會非常會議在七、八月解除三百五十名缺席議員職務，並以一九一二年至一九一三年選舉中得票數次高者遞補，成立「正式國會」（舊國會）。如此這般，在這個堪稱軍閥割據或軍閥混戰的狀況下，國會被當作政爭的工具，反覆地解散、恢復、分裂、變動，因此難以透過定期的全國選舉選出民意代表，議員也成為與軍人互相依存利用的「政客」，議會制度逐漸喪失權威。正因如此，一九一八年十一月十一日第一次世界大戰的停戰，對中國人而言，不只是近代中國在對外戰爭中取得的首次勝利，也引發人們對新時代即將到來的期盼。

北洋政府與廣州政府前後於十一月十六日和二十二日發出停戰命令；十二月二日，日、英、美、法、義駐華公使與駐廣州領事勸告南北兩政府和平息戰。於是，雙方代表自一九一九年二月二十日起在上海展開「南北議和」，輿論也對此寄予莫大期待。

然而，抗拒實現和平機會的，正是孫文。考量到自己未來很可能被持續排除在政局之外，孫文向日、美兩國政府表明反對「南北議和」，並以手中唯一的資源——革命思想為依據，主張自己身為超越北洋和廣州兩政權的軍事及政治領導人優勢，表達重啟革命之意。他在一九一九年六月五日出版《孫文學說》，闡釋自己的哲學和政治思想，集自身獨特革命哲學之大成，並再次提出了前衛黨革命論，同時嘗試為其賦予理論基礎。

孫文以「知（認識）」和「行（實踐）」的關係為指標，將人類歷史發展過程分為「不知而行之時期」、「行而後知之時期」和「知而後行之時期」，進而將這三個歷時性的階段，對應於三種共時性的人群類型，亦即「不知不覺」、「後知後覺」和「先知先覺」。他也主張自己的思想（三民主義、五權憲法）是體現人類進化方向的「先知先覺」，不僅讓「後知後覺」的革命黨員，也要讓「不知不覺」的非黨員接納和共享。

據孫文的說法，「中國人民知識程度之不足」，「是故民國之主人者，實等於初生之嬰兒耳；革命黨者，即產此嬰兒之母也。既產之矣，則當保養之，教育之，方盡革命之責也。」因此，他再次提出三階段革命論，指出：「中國人民今日初進共和之治，亦當有先知先覺之革命政府以教之。此訓政之時期，所以為專制入共和之過渡所必要也。」

至於實踐方法，則是要求全中國人民行宣誓。孫文亦率先宣誓如下：

> 孫文正心誠意，當眾宣誓，從此去舊更新，自立為國民，盡忠竭力，擁護中華民國，實行三民主義，採用五權憲法，務使政治修明，人民安樂，措國基於永固，維世界之和平。此誓。

此處與加入中華革命黨的宣誓不同，不鼓吹對黨魁的服從、不宣揚統率黨員，也不要求捺指紋。而且，他還解釋道：「今世文明法治之國，莫不以宣誓為法治之根本手續也；故其對於入籍歸化之民，則必要其宣誓表示誠心，尊崇其國體，恪守其憲章，竭力於義務，而後乃得認為國民。」不過孫文也說：「必當對於民國為正心誠意之宣誓，以表示其擁護民國，扶植民權，勵進民生，必照行其宣誓之典禮者，乃得享民國國民之權利，否則仍視為清朝之臣民。」換言之，孫文也接受他所提出的三民主義與五權憲法思想，並視這些思想為應當建立的新體制當中，國民得以參與政治的條件。

透過以上論述，孫文嘗試為中華革命黨時期提倡的前衛革命黨論賦予理論基礎，並進一步針對革命應樹立的體制構思新的制度——也就是在「破壞時期」的「軍政」之後，在接下來「過渡時期」的「訓政」階段中「頒布約法，以之規定人民之權利義務，與革命政府之統治權……三年期滿，則由人民選舉其縣官……俟全國平定之後六年，各縣之已達完全自治者，皆得選舉代表一人，組織國民大會，以制定五權憲法。」

然後，對於「建設完成時期」的「憲政」階段，孫文則主張「一縣之自治團體，當實行直接民權。人民對於本縣之政治，當有普通選舉之權、創制之權、複決之權、罷官之權，而對於一國政治除選舉權之外，其餘之同等權，則付托於國民大會之代表以行之。」雖說在語彙上有若干出入，但這是孫文將三年前的「直接民權」論納入三階段革命論，進而形成的構想。透過該構想，他展現了自己的意志，要藉由自身所領導的革命運動建構新體制，以凌駕將自己排除在外的既存議會制度。

對新思潮的回應

這種對間接民主制的不信任與懷疑，誠如前述，在當時議會逐漸喪失權威的中國，某種程度上大概相當普遍。相對地，代替議會發揮表達民意功能的，是以商人、學生、教職員、工人等職業團體為基礎的非制度化群眾運動。其中一個將群眾運動推向頂點的事件，就爆發在《孫文學說》即將刊行之際。

在中國，第一次世界大戰的勝利，加上對威爾遜主義提倡的民族自決等理念的共鳴，被視為是一場「公理」戰勝「強權」的勝利。因此當日本提出〈二十一條要求〉主張繼承德國在山東的權益時，人們高度期待一九一九年一月十八日召開的巴黎和會能允許中國回收山東權益。但結果美、英、法、義四國接受了日本的要求。為了表達抗議，中國爆發了所謂的五四運動。這場運動由北京學生在五月四日的抗議行動開始。他們發起集會、示威遊行、罷工和抵制日貨，旋即獲得全國各地的學生聯合會和各界聯合會響應。

民族主義的高漲，促使青年知識分子們積極開辦報章雜誌發表論述，其中引領思潮的，是陳獨秀主持的《新青年》雜誌。該雜誌批判儒家道德和主張文學革命，被稱作新文化運動，以西方為參照標準並譴責中國的落後，帶有普遍主義的性質。但隨後《新青年》致力於推廣社會主義，加上共產國際開始影響陳獨秀等人的上海共產主義團體，該雜誌便在一九二〇年十一月中國共產黨成立之時，轉為黨的機關刊物。

中國青年知識分子會將注意力轉向蘇俄，是由於蘇俄代理外交人民委員列夫．加拉罕（Lev Karakhan）在一九一九年七月二十五日發表聲明，內容表示蘇俄將廢除不平等條約，並無條件歸還在華權益，此即〈第一次加拉罕宣言〉（Karakhan Manifesto）。該宣言與巴黎和會中支持日本的西方列強形成鮮明對比，在中國被視為是善意的表現。此後，蘇俄的思想和體制便逐漸取代了歐美及日本的西方民主制度模範地位，成為中國青年知識分子的新憧憬。

為了回應這股新思潮，孫文指示親信廖仲愷、胡漢民、朱執信與戴季陶等人於一九一九年八月一日在上海創辦《建設》雜誌。他們一面於該雜誌中介紹社會主義思想，一面嘗試將之納入十多年前就開始提倡的民生主義當中。與此同時，他們也援用最新潮的歐美思想，更加詳細且積極地提倡孫文的「直接民權」論。

首先，《建設》刊載了廖仲愷翻譯的《全民政治》(*Government by all the People*, 1912)，該書被視為「直接民權」論的思想起源，作者為美國市政專家德洛斯·威爾確斯(Delos Franklin Wilcox)。廖仲愷並在開頭的譯序中說明，起源於瑞士的直接民權制度在世界上被稱頌為「政治上之防腐劑」、「磁石之指針」；雖然適用範圍各有不同，但近年美國、澳洲、紐西蘭等國家皆已漸次採用這種制度。

根據廖仲愷的說法，如同盧梭在《社會契約論》中批判代議制一般，與能直接立法、真正擁有自由的人民不同，英國人民「縱有自由，亦僅為選舉之當時，投票以後，更無所享。」而且歐美各國實施政黨政治的弊害，日益顯著。「一旦選舉結果發表後，昨日所謂人民之友者，今則傲然國會議員……於是國會諸法案，凡有利於民而不利於黨，或為利公眾而不利（議員）私人者，皆難通過。」

廖仲愷還贊同美國法律學者勞倫斯·羅威爾(A. Lawrence Lowell)在《英國政治》(*The Government of England*, 1908)中指出的，代議政體並非一般社會弊害的萬靈藥，也無法滿足人民的

圖 4-5　五四運動

圖 4-6　陳獨秀

希望。不過他說，這一點在實行共和政體的美國也一樣，「議院之不足為民意之反射，與夫民權之埋沒於政黨之污垢，較英國尤甚。」據廖仲愷說，「至於選舉，則全由政客操縱，候補者既由黨議決定，則指令選民選之，俾投票之數，不至分而失敗。」因此，他主張：「美國人之施行創制權、複決權、罷官權，以輔代議制度之不足，而補政黨政治之缺憾者，蓋有由然矣。」

只是廖仲愷也表示，他並非否定議會制或間接民主制度本身，當中國的政治混亂平息後，「斷不能集四萬萬人以議政事，則代表制度，實不可少」。還有，他也同意，政黨具有「用以團結人民對於一種問題之意見，使不致紛歧過甚；鼓舞人民對於政治上興味，使不致漠不關心」的功能。因此他主張實施「創制權」、「複決權」、「罷官權」做為輔助，以防止前述的弊害發生。

相對地，朱執信則在《建設》雜誌上翻譯瑞士裔美國學者威廉．拉帕爾德（William E. Rappard）的〈瑞士的創制權、複決權、罷官權〉（*The Initiative and the Referendum in Switzerland*, 1912）一文，內容也是介紹直接民主制，並親自執筆〈國會之非代表性及救濟方法〉，刊載於《建設》。然而相較於廖仲愷，他更加否定議會制度。

朱執信指出，守舊派和激進派雙方對「代議制中之國會，不能代表民意」的批判聲浪皆逐漸升高。據他的說法，議會制度有兩種缺憾，「第一：議會中之表決，與人民多數，意向相反。……第二：人民所欲提議及廢止之事，不列入議題。」接著，他除了提到盧梭已否定代表制之外，還介紹了俄國政治學者莫伊塞．斯德洛哥斯奇（Moisey Ostrogorski）「代議政治惹起事實上之專權而民意毫不見代表」的見解，以及羅威爾在《公意與民治》（*Public Opinion and Popular Government*, 1909）中指出代表制已信用全失的情況。

不過，朱執信也說，雖然國際評價如此低落，但議會制度本身應該會繼續存在，因此當前的問題是如何救濟「國會專橫」的事實。他提出的方法，當然就是由「創制權」、「複決權」、「罷官權」所構成的「直接民權」，並主張「在歐美已有相當之經驗，以之救濟國會專橫，固勝於他枝枝節節之辦法」。

如同孫文，其親信亦援引歐美最新學說，來說明直接民主制正逐漸凌駕代議制或間接民主制，成為新的風潮，並疾呼中國也應當加入這股世界潮流。如同前述，這種言論不只是批判將軍人專政的北京與廣州兩政權給正統化的新舊國會，大概也含有在新文化運動、替代既有西方民主制度的論戰上，與社會主義抗衡之意。

一九一九年五月十三日，「南北議和」決裂，政局出現變動，孫文隨後在十月十日將中華革命黨改組成中國國民黨。十月十八日，他對參加五四運動的上海學生團體演講，提出二個「救國的方法」，除了過去所提倡的「護法」外，也提到另一個「根本解決」的辦法。他說：「南北新舊國會，一概不要它，同時把那些腐敗官僚、跋扈武人、作惡政客，完完全全掃乾淨它，免致它再出來搗亂，出來作惡，從新創造一個國民所有的新國家，比現在的共和國家還好得多。」這段話當中暗示著欲透過前衛黨革命，促使代議制轉換為「直接民權」的意思。

4 傳統與先進

「保育主義」與「訓政」

趁著粵系與滇系對立，孫文下令與他和解的陳炯明部隊占領廣州，之後於一九二〇年十一月二十八日抵達廣州，奪回軍政府主導權。孫文在廣州設立中國國民黨本部特設辦事處，翌年一九二一年三月六日在該辦事處演講，他如此說道：

瑞士為民權最發達底國家，前已說過。現在應聲明那代議制不是真正民權，直接民權纔是真正民權。美、法、英雖主張民權主義，仍不是直接民權，兄弟底民權主義，係採瑞士底民權主義，即直接底民權主義。……直接民權凡四種：一選舉權，一複決權，一創制權，一罷官權。此為具體底民權，乃真正底民權主義。

此時掣肘孫文的勢力比三年前少，因此他期待應能在這次自己所率領的中國國民黨主導下，將「直接民權」的構想付諸實行；然而這個軍政府內部，其實仍潛藏著不穩定的因子。被任命為廣東省省長的陳炯明，傾向支持在華中和華南各省一帶逐漸擴散的「聯省自治」論，即是以各省自治為基礎的聯邦主義。他不但實施廣州省議會（後述）的省議員與省內各縣的縣長和縣議員選舉，並推動制定廣東省憲法。此舉將造成在以「軍政」統一全國之前，「憲政」就先實施的情況。面對提倡三階段革命論的孫文，兩人之間的矛盾逐漸浮上檯面。

在前述演講中，關於廣東決議實施縣長民選一事，孫文說：「既沒有這個程度而又要實行，是不是要鬧亂子？」表明對陳炯明推動省自治的擔憂。不過，他承認自己提倡的三階段革命論中也包含縣長民選，並表示為了避免帶來混亂，黨員應向省民宣傳三民主義，喚起他們身為國民的自覺，

圖 4-7　陳炯明

鼓吹「黨人治粵」的構想。然後他說：「將來廣東全省為本黨實行黨義底試驗場，民治主義底發源地。由廣東推行到全國，長江黃河，都要為本黨底主義所浸潤。」這段話表達出將廣東省的地方自治包含在三階段革命中的意思。

對此，陳炯明則表示「鄙人斷非因一得廣東，即不欲發展者」，暗示將與湖南省合作，對廣西、湖北兩省發動軍事進攻。另一方面，他以袁世凱和段祺瑞為例，說明武力統一之不可行，疾呼透過「使人民有全權力，由人民發展其權力」以達成統一。陳炯明的想法，大概是希望聯合贊同「聯省自治」論的各省力量，達成和平統一。

不過奇妙的是，對於讓人民參政，陳炯明未必抱持全面肯定的態度。他將廣州省議會定位為諮詢機關而非立法機關，並提出省議會的三十名議員，分別由省長任命、專業團體推薦、直接選舉，各選出三分之一。省議會將此評為「偏重官治，未能與民治潮流適合」，於是他在一九二一年三月十四日的回覆文件中，舉出由於美國民主黨旗下的組織坦慕尼協會（Tammany Hall）的拉票工作，導致紐約市政腐敗的例子，批判以選舉為基礎的議會制度。

陳炯明進而反問，「以美國十年前之人民程度，比諸我國今日人民之程度為如何」，說明在廣州必須暫時採取「保育主義」：即市長、局長及一部分的議員由省長任命，同時透過每年一次的議員選舉「令全體市民養成選舉習慣」，務期在五年後實行市長民選。無須多言，陳炯明的「保育主義」與孫文「訓政」構想主旨幾乎如出一轍。在同年後半實施的廣東省縣長選舉中，也是從得票數前三名的候選人中，由省長選出其中一人為當選人，任命為縣長。

另一方面，企圖以北伐統一全國的孫文，為了要將軍政府這個暫定的臨時政權改組成正式政府，他讓自己在一九二一年四月七日的國會非常會議中當選為大總統。接著，孫文說服擔心與北洋政府對立會導致廣東省遭受攻擊的陳炯明，在五月五日舉行就任典禮。在就職宣告中他提到：「今欲解決中央與地方永久之糾紛，惟有使各省人民完成自治，自定省憲法，自選省長，中央分權於各省，各省分權於各縣，庶幾既分裂之民國，復以自治主義相結合，以歸於統一。不必窮兵黷武，徒苦人民。」此番言論亦表達出對「聯省自治」論的理解。

就像這樣，關於議會制或間接民主制度，還有如何使其在中國確立的方法，孫文與陳炯明在思想上並沒有太大差異；儘管如此，最後令兩人不共戴天、勢不兩立的關鍵，還是在於全國統一與省自治孰先孰後的矛盾。國會非常會議在十月八日通過孫文的北伐案後，他旋即以陸海軍大元帥的身分，在廣西省桂林設置大本營。雖然孫文藉由退出廣東省，試圖消解兩人之間的矛盾，但被負責北伐後勤工作的陳炯明卻於翌年一九二二年六月十六日在廣州發動叛變，頓失據點的孫文不得不再次逃往上海。

「聯俄容共」

在這之後不久，孫文找到了革命生涯中最有力的支援者，但那也是一股可能導致他的革命運動發生變質的勢力，就是蘇俄。社會主義做為新文化運動的一環，逐漸滲透到青年知識分子之中。如同前述，陳獨秀等人接受共產國際的指示，在一九二〇年十一月成立中國共產黨，翌年一九二一年七月二十三日起於上海召開第一次全國代表大會。然而蘇俄仍在中國繼續物色潛在合作對象；同年十二月二十三日，共產國際的代表馬林*到桂林拜訪正準備北伐的孫文。

不過，孫文對馬林說：「馬克思主義並沒有什麼新東西，兩千餘年以前，中國經書就早說過。」他還說：「革命之主義，各國不同，甲能行者，乙或扞格而不通，故共產（主義）之在蘇俄行之，而在中國則斷乎不能」。他還疾呼：「中國有一道統，堯、舜、禹、湯、文、武、周公、孔子相繼不絕。余之思想基礎，即承此道統，而發揚光大耳。」陳獨秀受共產國際影響成立中國共產黨，並在他率領的新文化運動當中大加批判儒教思想，孫文的這段話儼然與之正面對抗。

如同過去提倡在立法、行政、司法三權外再加上「考選」與「糾察」，孫文曾有部分援用中國傳統理念和制度的前例，但他稱揚整體中國思想，同時以繼承者自居，正是從這個時候開始。然而，在一九二一年十二月七日桂林的演講中，他又說：「俄國近來實行政治革命，同時又實行經濟革命，一面把皇帝和貴族推翻，同時又把資本家推翻。」暗示著俄國的革命與自己三民主義革命的類似性。

當時，為了對抗親美、英的直系和親日的皖系，中國國民黨也需外國的支援。因此在一九二二年二月，美、英、日等國與北洋政府簽訂《九國公約》後，孫文就開始摸索如何與被排除在華盛頓體系之外的勢力，也就是德國和蘇俄，建立中、德、蘇三國同盟。對於企圖推動世界革命、批判既有西方民主制度的蘇俄，此時的孫文雖然對之懷有親近感，但為維持中國革命運動的自主，他亦理當主張自身思想的特殊性。於是這成為了一個轉捩點。正如本章開頭所述，孫文的政治體制構想志此逐漸帶有文化相對主義的性質。

孫文回到上海後，立刻決定了「聯俄容共」的方針，允許中國共產黨員以個人身分加入中國國民黨，接受來自蘇俄和共產國際的支援。他在一九二三年一月二十六日與蘇俄的駐華特命全權代表越飛（Adolph Joffe）發表共同聲明，在開頭明文表示：

> 孫逸仙（孫文）博士以為共產組織，甚至蘇維埃制度，事實上均不能引用於中國，因中國並無可使此項共產主義或蘇維埃制度實施成功之情形存在之故。此項見解，越飛君完全同感，且以為中國最重要最急迫之問題，乃在民國的統一之成功，與完全國家的獨立之獲得。關於此項大事業，越飛君並向孫博士保證，中國當得俄國國民最摯熱之同情，且可以俄國援助為依賴。

＊ Maring，此為化名，本名是 Henk Sneevliet。

如同引文所述，孫文以中國的特殊性為由，拒絕了馬克思主義這個鼓吹以普遍價值替代既有西方民主制度的新的外來思想體系。於是，在蘇俄和共產國際的指導下，力求於革命運動中擴大影響力的中國共產黨，以及一面設法取得軍事和財政支援、一面試圖維持獨立性的中國國民黨，兩者從這時開始，展開了此後長達四分之一世紀的鬩牆之爭。

這段期間，孫文已成功奪回廣州。一九二三年三月二日，孫文在廣州重建陸海軍大元帥大本營，屬於他自己的獨立政權。在北京，取代皖系的直系在一九二〇年八月解散新國會，並在一九二二年六月陳炯明叛變後不久恢復舊國會，而當時廣州已不存在具有法律依據、能夠恢復軍政府和正式政府的國會。然而，這也讓孫文終於能以效忠自己的中國國民黨員為主體，不僅成立中央政府，也組織了能夠支持其統治的廣東省政府。

接著，在共產國際代表鮑羅廷（Mikhail Borodin）的建議下，孫文著手改組中國國民黨。他命親信廖仲愷、胡漢民、汪精衛（已與孫文和解）和中國共產黨的譚平山、李大釗等人，組成以鮑羅廷為顧問的臨時中央執行委員會，在廣州進行試驗，重新登記黨員和設立基層組織。一九二四年一月二十日至三十日，中國國民黨第一次全國代表大會在廣州召開。

經過廖仲愷、汪精衛、戴季陶、譚平山、毛澤東（中國共產黨員）等人審查，在這場大會中通過的《中國國民黨總章》採用了俄國共產黨的組織原理，包括實行委員會制和民主集中制、在黨外團體（政府機關、工會、商業團體、學校等）中組織黨團，即隸屬於黨的基層組織。而〈中國國民黨第一次全國代表大會宣言〉由鮑羅廷起草，經廖仲愷、胡漢民、汪精衛等人審查通過，取得孫文

圖 4-8　中國國民黨第一次全國代表大會

的認可後在大會中提出，再由胡漢民、戴季陶、李大釗擔任審查委員，加以修正而成。宣言中針對應當建立的政治體制，將孫文的民權主義濃縮如下：

> 國民黨之民權主義，於間接民權之外，復行直接民權。即為國民者，不但有選舉權，且兼有創制、複決、罷官諸權也。民權運動之方式，規定於憲法，以孫先生所創之五權分立為之原則，即立法、司法、行政、考試、監察五權分立是已。凡此既以濟代議政治之窮，亦以矯選舉制度之弊。

宣言中否定「天賦人權」，主張「蓋民國之民權，唯民國之國民乃能享之，必不輕授此權於反對民國之人，使得藉以破壞民國」，這是繼承自中華革命黨時期的主張。不過宣言又提到「近世各國所謂民權制度，往往為資產階級所專有，適成為壓迫平民之工具。若國民黨之民權主義，則為一般平民所共有，非少數者所得而私也」，從階級鬥爭的觀點批判西方民主制度，這點明確顯示出「聯俄容共」路線的影響。

此外，中國國民黨也擬定並提出《國民政府建國大綱》，詳述通過三階段革命以樹立全國政權的構想，將孫文的革命方法論化為正式文字。不過，總體而言，中國國民黨第一次全國代表大會強烈反映出共產國際的色彩，故以資深黨員為中心，有不少黨員對此表達不滿和批判；但孫文則宣稱社會主義和共產主義已包含在民生主義之中，將「聯俄容共」的路線正當化。

稱揚傳統思想

孫文似乎僅將「聯俄容共」路線定位成技術性的權宜之計，至於他的革命運動理念和原則，基本上不會有所變更。他從一九二四年一月二十七日至八月二十四日斷斷續續舉行了共計十六回的《三民主義》演講，陳述自身思想觀點，而內容未必與上述宣言一致。孫文在演講中十分清晰地表示，中國傳統思想優於西方近代思想。

孫文說：「受外來民族的壓迫，侵入了新文化，那些新文化的勢力，此刻橫行中國，一般醉心新文化的人，便排斥舊道德，以為有了新文化，便可以不要舊道德。不知道我們固有的東西，如果是好的，當然是要保存，不好的才可以放棄。」這不用說，當然是批判新文化運動對傳統的全面否定。而且孫文也擁護在政治哲學上「舊道德」優於「新文化」的說法：

我們以為歐美的國家，近來很進步，但是說到他們的新文化，還不如我們政治哲學的完全。中國有一段最有系統的政治哲學，在外國的大政治家還沒有見到，還沒有說到那樣清楚的，就是《大學》中所說的「格物、致知、誠意、正心、修身、齊家、治國、平天下」那一段的話。把一個人從內發揚到外，由一個人的內部做起，推到平天下止。像這樣精微開展的理論，無論外國甚麼政治哲學家都沒有見到，都沒有說出。這就是我們政治哲學的智識中獨有的寶貝，是應該要保存的。

孫文表示，孔子說「大道之行也，天下為公」，孟子說「民為貴，社稷次之，君為輕」，由此可見「中國人對於民權的見解，二千多年以前，已經早想到了」，強調古代儒家的先進性。孫文在此處主張中國傳統思想的優越，不僅勝過馬克思主義，更超越所有西方近代思想；至於政治體制方面，既有的代表制和議會制度則再度成為他批判的對象。

他說：「歐美人民從前以為爭到了代議政體，便算是心滿意足。……各國實行這種代議政體，都免不了流弊，不過傳到中國，流弊更是不堪問罷了。」他更舉出國會議員被收買而選出直系曹錕為大總統，因而被蔑稱為「豬仔議員」一事為例，否定西方民主制度，評論道：「外國人所希望的代議政體，以為就是人類和國家的長治久安之計，那是不足信的。」孫文又稱蘇俄體制為「人民獨裁」，說：「當然比較代議政體改良得多」，但這並非意指要在中國採用該體制。不如說，孫文是在提出「不能完全模仿歐美」的同時，主張參考歐美的經驗和學說。正如他表示「我們拿歐美已往的歷史來做材料，不是要學歐美，步他們的後塵，是用我們的民權主義，把中國改造成一個『全民政治』的民國，要駕乎歐美之上」，不斷反覆強調他自護國運動後不久便提出的、效法瑞士與美國先例的「直接民權」。

只是，此時孫文將該構想與《孫文學說》的三種類型連結，表示應將「不知不覺」的人民擁有的「權（政權）」，與「先知先覺」、「後知後覺」的政府擁有的「能（治權）」分離。於是，他主張由擁有選舉、罷免、創制、複決四權的前者，管理擁有行政、立法、司法、考試、監察五權的後者，是勝過代議政體的「全民政治」，這將「可以破天荒在地球上造成一個新世界」。這個構想也可解釋成是將前衛黨革命論所提倡有期限的獨裁專制，在完成革命後轉化成固定制度；然而不知為何，他在《三民主義》演講中並未提及三階段革命論。

總而言之，就如同二十年前那般，孫文同樣以「破天荒」或「近代的超克」*為己志。只是，由於接觸了新的「異教」馬克思主義，促使他開始以傳統思想的繼承者自居；這時，他不僅以歷時性的階段，還以共時性的類型來詮釋中國與西方在政治體制上的差異。就是在這樣的脈絡下，孫文說出了本章開頭所介紹的，帶有文化相對主義性質的政治體制論述。

孫文還主張中國革命的特殊性，他說：「到底中國為甚麼要革命呢？直接了當說，是和歐洲革命的目的相反」，目的不是為了爭取個人的自由，而是為了擺脫帝國主義，爭取國家和民族的自由。

也就是說他認識到，如同中國人被比喻成一盤「散沙」，中國人也比歐洲人享有更多的自由，因而解釋：「中國人自由太多，所以中國要革命。中國革命的目的與外國不同，所以方法也不同。」

這正是持續渴望尋求普遍性和特殊性的孫文，在晚年最後達致的政治思想。當中混雜著「民主／獨裁」、「傳統／近代」等矛盾的要素，雖說尚未放棄求得普遍性的渴望，但卻也明確顯露出傾向特殊性的情況。在長達約三十年的革命生涯中，孫文會隨時因應各階段當下狀況，吸收及構思新的思想，卻不大在意新思想與過往思想之間如何整合。就結果而言，孫文的整體思想，與其說是層次分明的體系化內容，不如說是各種五花八門言論的最小公倍數（而非最大公約數），也因此留給了後繼者們各種不同的解釋空間。

一九二四年十月二十三日，直系軍閥馮玉祥發動叛變，逼迫大總統曹錕辭職，同時將溥儀驅逐出他在辛亥革命後仍被允許居住的紫禁城，由段祺瑞出任臨時執政（北京政變）。孫文應馮玉祥邀請，於同年十一月十三日離開廣州，在十二月三十一日抵達北京，但在建立新體制一事上未能與段祺瑞達成共識。這時的孫文已罹患末期肝癌，於翌年一九二五年三月十二日與世長辭。日後，受孫文託付實現「遺教」的中國國民黨人中，有時也會因為對「遺教」的解釋歧異而引發路線鬥爭。

＊由日本左翼評論家竹內好提出的說法，意指對世界的近代化過程的超越與克服，是昭和時期的日本試圖掙脫西方束縛、尋找日本主體性的思想口號。作者挪用該詞來形容孫文對自己的期許。

5 繼承者們

國民革命與「清黨」

中國國民黨在一九二五年五月二十四日宣言繼承孫文「遺囑」，於七月一日成立國民政府，取代陸海軍大元帥大本營。這是最早根據「受中國國民黨之指導及監督，掌理全國政務」（中華民國國民政府組織法）的「黨治」原則所組成的政權。而根據該法次條原則，政府將採用「以若干委員組織之（國民政府委員會），並於委員中推定一人為主席」的合議制。失去孫文這個魅力領袖後，集體領導體制也就此入法，化為制度。

同年七月三日，國民政府軍事委員會成立，「受中國國民黨之指導及監督管理，統率國民政府所轄境內海、陸軍，航空隊及一切關於軍事各機關」（中華民國國民政府軍事委員會組織法）。接著，八月二十六日，受廣州政權指揮下的各種軍隊被重新編成國民革命軍，在年內大致成功驅逐廣東省境內殘存的陳炯明等人勢力。於是，中國國民黨以該政府和軍隊控制廣東省，形成了直至今日共產黨政權仍延續的「黨國體制」原型——也就是革命黨經由黨組織滲透各地區、階層及集團，並藉由各級黨組織指導中央和地方政府，以此為媒介，形成控制國家和社會的壟斷制度。

可是，隨著孫文這位超然領袖的消失，過去因其存在才勉強壓制住的黨內對立，特別是圍繞著「聯俄容共」路線的抗爭，必然也將越演越烈。戴季陶即在六月發表《孫文主義之哲學的基礎》，

圖 4-9　戴季陶

圖 4-10　胡漢民

圖 4-11　汪精衛

接著又在七月發表了《國民革命與中國國民黨》，這兩本小冊子以明確的理論提出應警戒中國共產黨，引發了國民黨內支持與反對的巨大迴響。

戴季陶將孫文的思想分為「關於道德的主張」和「關於政治的主張」，他表示前者是「繼承古代中國正統的倫理思想」，後者則是「由現代世界的經濟組織、國家組織、國際關係，種種制度上面著眼，創制出的新理論」，同時主張前者是構成後者的基礎，是繼承堯舜以至孔孟而「二千年以來，中絕的中國道德文化的復活」。

不用說，這番論述當然是衍生自孫文晚年對中國傳統思想的稱揚。戴季陶說：「共產主義，是很單純的以馬克思的唯物史觀為理論的基礎，而民生主義，是以中國固有之倫理哲學的、和政治哲學的、思想為基礎。」這是為了更清楚強調與共產主義之間的差異，而在傳統思想中尋求三民主義的基礎。然後，他說：「共產國際的東方赤化政策與內外連結，形成極大的威力」，對中國共產黨的「寄生政策」發出警告。對戴季陶這種以中國的特殊性為論據，提出純化中國國民黨思想和組織的主張，胡漢民和汪精衛給予極高評價；相對地，共產黨員當然強烈抨擊，因此黨內分裂日漸加深。

在該時期激烈的黨內抗爭中逐漸嶄露頭角，最終成為中國國民黨政權最高領導者的，是蔣介石。他有赴日本陸軍留學的經歷，孫文生前曾在一九二三年任命他為俄國訪問團團長，翌年一九二四年在廣州郊外設立黃埔陸軍軍官學校（通稱黃埔軍校）時，又任命他為校長。不久蔣介石就率領以黃埔軍校畢業生為核心的部隊，為統一廣東省立下大功。他在一九二六年七月就任國民革命軍總司令，為統一全國而發動北伐。國民革命自此開始。

自廣東省出發的北伐軍勢如破竹，屢戰屢勝，年內已大致從直系手中奪取長江以南各省；然而在北伐進展同時，中國國民黨內部分裂之勢也到達頂點。反蔣介石派與中國共產黨聯手，將國民政府遷徙到武漢，蔣介石即於一九二七年四月十二日在上海發動鎮壓共產黨和工會的政變（清黨），十八日在南京擁立胡漢民，建立南京國民政府（寧漢分裂）。

圖 4-12　蔣介石

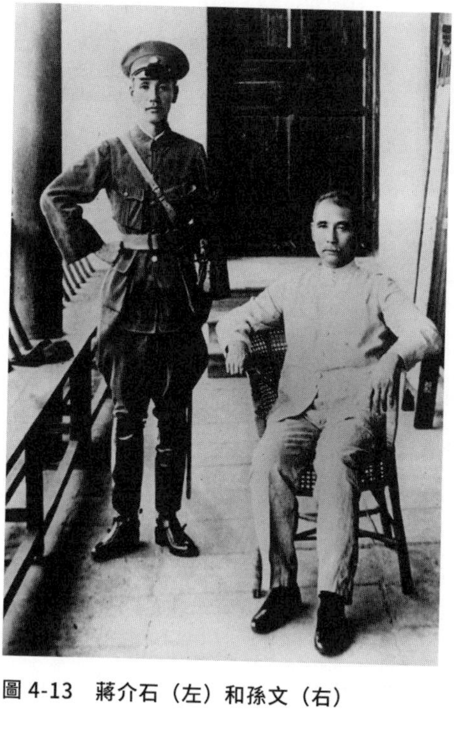

圖 4-13　蔣介石（左）和孫文（右）

胡漢民在五月二十八日宮崎寅藏*的長子龍介的歡迎會上，發表了題為〈三民主義與世界革命〉的演講。他說：「全世界無論何種團體，若不認識三民主義，不成惡化，便成腐化。」然後譴責因不清楚三民主義故而「腐化」的軍閥和官僚，和同樣不清楚三民主義而「惡化」的共產黨，將「清黨」正當化。他還進一步宣揚三民主義具有世界和歷史的普遍性，過去世界上發生的革命之意義全都納入三民主義當中，主張三民主義將會引導將來發生的所有革命。

胡漢民還於同年七月在黨機關刊物發表了論文〈國民黨民眾運動的理論〉，說明誕生於英國的代議民主制正逐漸顯露出侷限。據他的說法，「英國民眾解決民權問題的方法，就是一貫的要求一個代議制度」，但「到了近代，社會經濟組織大變遷，代議民主制就更遇著困難」。即是「議員卻代表了許多不同的經濟利益……英國的國會不啻分裂為多少經濟利益互相水火的集團」，因此「代議民主制已不復有兩個以利害感情完全相同為基礎的政黨來運用，而有時時被多少利益衝突的經濟集團所拆裂的危機」。

由於社會如此複雜和多樣化，以至於政黨和議會喪失代表功能；胡漢民預測這個現狀顯露出英國的代議民主制「以解決民權問題始，而將以不能解決經濟問題終」。只是，胡漢民表示「經濟問題是近代政治問題的中心，經濟問題不能解決，政治問題也當然不能解決」，也就是僅主張包含了民權主義和民生主義的三民主義優越性，並非主張必須樹立與西方民主制度完全不同的體制。因此胡漢民並不是要否定和排斥代議制度，而是主張應該繼承孫文具有折衷主義的體制構想，以「直接民權」和「平均地權」彌補代議制度的不足。

在此之前，在維持「聯俄容共」路線的武漢政府控制下，國民革命急速發展，雖收回了漢口和九江的英國租界，但另一方面，卻也因工人運動和農民運動的失控而招致社會混亂。而且共產國際宛如趁勝追擊，指示共產黨員擴張在中國國民黨和國民政府內部的勢力，以及實施土地改革、鼓吹工人和農民加入國民革命軍等等，進一步加速革命的發展。中國國民黨宛如被奪走國民革命的主導權，因此以汪精衛為首的武漢政府領導階層，便在七月十五日決定排除中國共產黨（武漢分共），長達四年半的「聯俄容共」路線宣告失敗。

大致於一九二七年，武漢政府跟南京政府復合（寧漢合流），國民革命軍也吸收了馮玉祥、閻錫山等西北軍事勢力，在翌年一九二八年四月重新展開北伐。雖在山東省濟南受到日本以保護僑民名義出兵阻礙（濟南事件，又稱五三慘案），但國民革命軍順利驅逐了直系勢力及掌握北洋政府的張作霖奉系勢力，於同年六月進入北京城。接著，張作霖於撤回東北途中被日軍炸死，其子張學良在十二月二十九日向國民政府表明歸順之意（東北易幟）。長達兩年半的國民革命至此成功，中國國民黨終於完成了全國統一。以英、美為首的列強，也大致在一九三〇年之前與新政權建立外交關係。

＊　孫文的好友，支持辛亥革命。

應有的「訓政」

在國民革命結束後，為了完成《國民政府建國大綱》的三階段革命論，從「訓政」過渡到「憲政」成為中國國民黨的課題。而一次大戰後在世界上出現的各種新體制，再次成為參考對象。一九二八年二月，中國國民黨宣布結束軍政並開始訓政，在十月三日決議通過《訓政綱領》，規定訓政期間由該黨的代表大會「代表國民大會，領導國民行使政權」，「治權之行政、立法、司法、考試、監察五項，付託於國民政府總攬而執行之，以立憲政時期民選政府之基礎」。這種由中國國民黨代替國民大會的邏輯，無非是源自以前衛革命黨指導政府的「黨國體制」構想。

這個體制是否等於一黨獨裁專制？面對這樣的批判，負責起草綱領的胡漢民於〈訓政大綱提案說明書〉中提出反駁，表示訓政是「以政權付諸國民為歸宿」，另一方面也主張「今之革命後新興諸國家，莫不恃有賢明之政府領導一切。」這意味著中國國民黨被迫得將孫文的革命理論遺留下的曖昧之處加以明確化。也就是說，必須釐清「由前衛黨採取有期限的獨裁專制」這種革命手段，以及「確立民主制度」這個最終目標，兩者之間的關係。

胡漢民於一九二八年九月二十四日在中央黨部以〈新與舊〉為題演講，並舉土耳其共和人民黨做為構築不同於西方民主制度的新興國家事例，對該黨以「軍隊『黨化』」、黨『軍隊化』」成功完成革命，給予極高的評價。不過他也說，「但我們看她還是不彀。……因為她的革命祇可說是『一民主義』，她的革命到現在，仍舊沒有領導民權的方法，更沒有解決民生問題的方法」，進而否定了該黨採取永無期限的一黨統治方式。

一九二八年六月二十四日，在立法院的演講〈最近破壞的情形與今後建設的計畫〉當中，胡漢民也說：「外間有許多人不瞭解本黨訓政的意義，以為到底是有期限的呢？還是永遠的呢？如果永遠無限制的下去，那一來本黨就無異於蘇俄的鮑爾希維克＊和意大利的法茜斯蒂†……現在我們已確定訓政期限為六年，這原是總理（孫文）的主張。」總之，他一面批判西方民主制度與新興國家的一黨統治，一面也嘗試將兩者納入中國國民黨的體制構想中，這點可謂是忠實繼承了孫文思想的折衷主義性質。

中國國民黨雖然達成全國統一，但內部各派系間的權力對抗依然持續不斷；蔣介石在一九三〇年掌握中央權力，對此閻錫山、馮玉祥等人的地方軍閥勢力和汪精衛等中央的反蔣派舉旗造反，發展成雙方的全面性軍事衝突（中原大戰）。汪精衛批判蔣介石的個人獨裁，主張應根據臨時約法（《孫文學說》中有言及，但《國民政府建國大綱》中並未提到），落實法治。在這場內戰中獲勝的蔣介石也於翌年五月召集國民會議，藉由制定《訓政時期約法》鞏固權力基礎；胡漢民認為此舉違背了「遺教」而提出反對，卻在同年三月遭蔣介石幽禁。

＊　即布爾什維克。

†　即法西斯黨。

如同上述，關於推動訓政的具體方法，在中國國民黨內部成為權力紛爭的焦點，但對最終應樹立的體制，幾位握有權力者在根本看法上並無差異。在中原大戰前，汪精衛於一九三〇年四月十九日發表的〈兩種模型心理之瓦解〉中說明了自孫文開始革命運動起，歷時四十年以來一直妨礙三民主義實現的原因。

汪精衛表示，在文物、制度落後的中國，國家改造的模型是不可或缺的；正因如此，孫先生是有整個計劃的。然而，當前推崇其他兩種不同模型的心理，讓計劃窒礙難行。第一種模型心理是「十八世紀自由主義之制度」，在歐洲經由政治革命，「將以前貴族政治君主專制政治根本推翻，而代以民主政治」，於十九世紀影響了世界。於是，在中國出現了以日本、普魯士為模型的「君主立憲」派，和以美國、法國為模型的「民主（共和）立憲」派，後者經由辛亥革命獲勝而延續至今。

不過他說：「民主政治誠然是十八世紀政治革命的產物……而政治革命之結果，則歸於少數有資產者所專有，於是自由主義之憲法上雖然規定人人自由人人平等，然而享有自由平等之幸福者祇屬於少數人。」因此他指出，十九世紀以來引起了社會主義革命，而在中國「醉心自由主義者」，「只注意到少數人的歡樂，而沒注意到大多數人的悲慘」，所以「社會革命社會運動的思潮，遂氾濫及於中國。」

於是汪精衛疾呼：「少數資產者所專有的民主政治，不是真正的民主政治，真正的民主政治應以大多數民眾在政治上在經濟上得到同等機會為意義。」他主張，「以十八世紀之自由主義的憲法為無上之模型的心理」已完全崩塌；不過這種對西方民主制度的批判，無須多言，顯然與孫文和胡漢民的主張有相同旨趣。

汪精衛說，取代第一種模型心理的，是「萌芽於民國九十年間（西元一九二〇至一九二一年），至十五六年間（一九二六至一九二七年）而極熾烈」，以蘇俄為模型的第二種心理。根據他的說法，「階級鬥爭」、「無產階級專政」等標語的流行，絕非是中國共產黨的宣傳能力所帶來的成果，而是「一班青年歡迎俄國大革命的心理」所致，他們只是將模型從美國和法國轉換為蘇俄罷了。

只是他說，這種心理現在已完全喪失影響力，簡單概括其原因，就是「蘇俄的模型，不適用於中國」。接著，汪精衛引用孫文與越飛聯合宣言的一段內容：「共產組織以至蘇維埃制度，事實上均不能引用於中國……因中國並無可使此項共產主義或蘇維埃制度實施成功之情形存在之故。」

蘇俄明知此事，卻「偏要嗾使中國共產黨硬去實行」俄國的模型。即是，「中國的土地（所有）情形，與蘇俄不同，偏要將沒收大地主的辦法適用於（中國的）中小地主；中國的工業（發展）情形，與蘇俄不同，偏要將無業流氓硬充無產階級。」那樣的嘗試全都失敗，中國共產黨「已成了殺人放火之流寇土匪。」汪精衛的這番譴責，指的是中國共產黨時而發動零星武裝行動、時而在農村建設根據地對抗中國國民黨政權的狀況。

汪精衛疾呼，這兩種模型心理瓦解之後，應該提供孫文的構想給青年們，做為「合理的適用的改造中國的模型。」至於具體的實行方法，他則認為應「以歐美之學說及成例為資料，而相度其可行於今日的中國與否」，「因為整個的模型，必須中國人自己製造出來，決不能求之於外國」，如此強調中國人的主體性。而且他還說，「絕不是推尊孫先生繼承孔子」，否定了如戴季陶的傳統主義立場。不過，總之汪精衛的體制構想可說與胡漢民的主張相同，同樣都繼承了孫文的折衷主義。

之後，九一八事變（又稱滿州事變）爆發，這起事件開啟了近代中國史上最大的國難。前文曾提到的五三事變，讓日本取代了英國，成為中國民族主義的首要敵人；而自一九三一年九月十八日柳條湖事件起，日本對中國發動軍事進攻，最後在一九三二年三月一日建立魁儡國家——滿州國。中國向國際聯盟提出控訴，國際聯盟因此派遣李頓調查團（Lytton Commission）前往調查，並在一九三三年二月二十四日通過根據調查報告書提出的調停方案，但日本拒絕接受該方案，於三月二十七日退出國際聯盟。中日最終在五月三十一日簽訂《塘沽協定》，結束了雙方軍事衝突；然而這也讓東北失陷，中國喪失了領土統一的局面。

遭逢如此國難，中國國民黨的最高領導人蔣介石，對日本的軍事侵略採取「不抵抗」方針，反而以殲滅堅守根據地的中國共產黨為優先，選擇所謂的「安內攘外」政策。這是因為他判斷當時黨內外敵人眾多，且權力尚未完全集中，再加上中國除了軍事之外，在行政、產業、教育等各方面都不夠發達，國力亦不足與日本對決。

蔣介石對於討論政治體制本身一事態度消極，認為處置內憂外患之道，是必須將中國人民馴養成近代國民。因此，他在一九三四年二月發動了一項名為「新生活運動」的奇妙國民運動。這項運動要求人民「扣上扣子」、「不可隨地吐痰」、「排隊」、「守時」等等，遵守日常生活秩序和衛生規範。蔣介石於二十世紀初留學日本陸軍的生活規則，直接成為這項運動的範本，而其思想淵源則是森鷗外等人自德國引進的衛生知識。日本在明治時期也嘗試以同樣的方式啟蒙民眾。

此外，實際負責與推動新生活運動者，很多是留美歸國的基督徒，因此這對他們而言，無非是如同YMCA（基督教青年會）和福特汽車試圖將東歐與南歐裔移民和非裔居民馴養成近代市民的「美國化」之中國版本。另一方面，蔣介石以「禮義廉恥」做為運動宗旨，強調新生活運動的目的是復興中國古代人們的生活樣式。他雖仿效先進國家追求近代化的普遍性，卻也希冀維持中國傳統價值的特殊性，在這點上他表現出與孫文和戴季陶同樣的欲望。

另一方面，在這段期間受到來自黨內外的獨裁批判，以及要求參政的輿論影響，中國國民黨政權為了實現從「訓政」進入「憲政」，於是成立憲法草案起草委員會，開始擬定草案，最終在一九三六年五月五日公布了通稱「五五憲草」的草案。草案宣揚「中華民國為三民主義共和國」，由行政、立法、司法、考試、監察五院承擔治權，擁有總統等的選舉權、罷免權和法律創制權、複決權的民選國民大會承擔政權，內容上是以孫文的構想為主要架構。然而，一九三七年七月七日的盧溝橋事變引爆了中日全面戰爭，實現由「訓政」過渡到「憲政」的課題也就被束之高閣了。

摸索的結局

中日戰爭勝利後的一九四六年十一月十五日，中國國民黨政權召集制憲國民大會，在十二月二十五日制定完成《中華民國憲法》，於一九四七年一月一日公布，十二月二十五日開始實施。該憲法修正了「五五憲草」內容，將立法院的立法委員交由直接民選，縮小總統權限，同時宣揚司法獨立、保障自由權利等等，強化了民主主義和立憲主義的性質。而國民大會的權限也受到限制，淡化了「直接民權」的色彩。之後，一九四七年十一月實施的國民大會代表選舉，成為中國歷史上首次全面性的普通選舉（立法委員選舉則在一九四八年一月舉行）。一九四八年三月二十九日，根據該選舉結果所召開的行憲國民大會，選出蔣介石為總統。

從「訓政」走向「憲政」的過程於焉完成。不過，在中日戰爭期間成立的國共合作關係也於一九四六年破裂，內戰爆發，中國共產黨在內戰中逐漸取得優勢。因此，這個體制轉換的過程只有少數弱小政黨參與，實質目的是為了賦予中國國民黨統治新的正統性，因而帶有濃厚的政治儀式性質。而且為了應付內戰，行憲國民大會旋即在四月十八日制定了《動員戡亂時期臨時條款》，賦予總統不受憲法拘束的強大權限。

然而，在中日戰爭以及國共內戰這些艱鉅的國難當中，中國國民黨政權仍致力實踐從「訓政」邁向「憲政」的既定體制構想，此事仍值得特別一書。雖然會這樣，也是因為輿論批判中國國民黨獨裁和要求參政，同時在漸趨白熱化的內戰中被迫必須顯示自己比共產黨更加民主，才會實踐。只是，「為了實現民主體制，須由前衛黨採取有期限的獨裁統治」，這樣的孫文「遺教」，正是賦予中國國民黨一黨專制正統性的重要根據。這點恐怕也令人難以忽視。

結果，《中華民國憲法》雖在制度面上展現出種種特殊性，但其體制大致上仍不出西方民主制度的範疇，因而能夠實現辛亥革命以來所追求的普遍性。只是當內戰愈演愈烈，一九四八年十二月十日蔣介石公布戒嚴令，該體制也在實質上遭到凍結。不久後敗北的中國國民黨逃到臺灣，建構一黨專制體制，追求普遍性的願望也化為伏流，等待一九九〇年代的民主化來臨。

另一方面，在大陸建立中華人民共和國的中國共產黨，將孫文構想的有期限的一黨專制體制，也就是「黨國體制」，確立為永久性的體制；這個體制對抗西方民主制度，主張新的普遍性，在當時國際上的社會主義陣營占有一席之地。可是，中國共產黨在一九七〇年代末正式推行改革開放政策，一九八〇年代末冷戰結束後，反而與臺灣的民主化形成對照，誠如本章開頭所述，主張起「具有中國特色的社會主義」。

總而言之，中國近代國家形象的摸索，可謂是在對西方民主制度的態度變化中，鍥而不捨地從錯誤中學習。特別是孫文及其後繼者們，他們自一九一九年創建中國國民黨到確立全國政權，過程中雖對西方民主制度抱持懷疑並曾企圖凌駕，但最後還是回歸西方民主制度。然而，這個體制未能於中國穩固永續，最後遭到懷疑西方民主制度過程中提出的一黨專制體制，也就是「黨國體制」所取代。

圖4-8	公眾領域
圖4-9	張世福主編，《孫中山　紀念孫中山先生誕辰130週年》，上海，1996
圖4-10～4-13	公眾領域

圖片來源

圖1-1	公眾領域
圖1-2	George Grantham Bain collection, the Library of Congress
圖1-3～1-6	公眾領域
圖2-1～2-2	紀平英作提供
圖2-3～2-5	公眾領域
圖2-6	紀平英作提供
圖3-1	David Welch, *Germany Propaganda & Total War 1914-18*, London, 2000.
圖3-2	Hew Strachan, *The First World War*, New York, 2003.
圖3-3	Daniel Siemens, *Stormtroopers: A new History of Hitler's Brownshirts*, New Haven/Lon-don, 2017.
圖4-1～4-5	公眾領域
圖4-6	Alexander Pantsov, *The Bolshevik and the Chinese Revolution 1919-1927*, Richmond, U.K., 2000.
圖4-7	Leslie H. Dingyan Chen, *Chen Jiongming and the Federalist Movement: Regional Leadership and Nation Building in Early Republican China*, University of Michigan Press, 1999.

桑兵『孫中山的活動与思想』中山大学出版社　2001年
桑兵主編『孫中山史事編年』中華書局　2017年
王奇生『党員,党権与党争——1924-1949年中国国民党的組織形態(修訂増補本)』華文出版社　2011年
王奇生『革命与反革命——社会文化視野下的民国政治』社会科学文献出版社　2010年
『新民叢報』影印版　芸文印書館　1966年
中国国民党中央委員会党史委員会編『胡漢民先生文集』中国国民党中央委員会党史委員会　1978年
『中華民国国民政府公報』影印版　河北人民出版社　1987年
周聿峨・陳紅民『胡漢民』広東人民出版社　1994年
Hill, Joshua, *Voting as a Rite: A History of Elections in Modern China*, Harvard University Press, 2019.

▲第四章中文引文參照出處（按內文出現順序）

【中山學術資料庫】

《駁〈新民叢報〉最近之非革命論》汪精衛《民報》第4號
《全民政治》威爾確斯（Deloo Franklin Wilcox）撰；廖仲愷譯
〈國會之非代表性及救濟方法〉朱執信《朱執信文存》
《陳炯明集》段雲章、倪俊明編
〈馬丁謁總理紀實〉鄧家彥《革命文獻》第9輯
〈三民主義與世界革命〉胡漢民《革命理論與革命工作》輯一
〈國民黨民眾運動理論〉胡漢民《革命理論與革命工作》輯一
〈訓政大綱提案說明書〉胡漢民《革命文獻》，第22輯
〈新與舊〉胡漢民《革命理論與革命工作》輯一
〈最近破壞的情形與今後建設的計畫〉胡漢民《革命理論與革命工作》輯二
《革命理論與革命工作》胡漢民
《國民革命與中國國民黨》戴季陶
《孫文主義之哲學的基礎》戴季陶
〈兩種模型心理之瓦解〉汪精衛《汪精衛先生最近言論集》(1930)

—1920年代広東省の政治改革からみる孫文と陳炯明」日本孫文研究会編『孫文とアジア太平洋ネイションを越えて』汲古書院　2017年
狭間直樹『梁啓超——東アジア文明史の転換』岩波書店　2016年
深町英夫『近代中国における政党・社会・国家——中国国民党の形成過程』中央大学出版部　1999年
深町英夫編『中国政治体制100年——何が求められてきたのか』中央大学出版部　2009年
深町英夫編訳『孫文革命文集』岩波書店　2011年
深町英夫『身体を躾ける政治——中国国民党の新生活運動』岩波書店　2013年
深町英夫編『中国議会100年史—誰が誰を代表してきたのか』東京大学出版会　2015年。
深町英夫『孫文　近代化の岐路』岩波書店　2016年
宮崎龍介・小野川秀美編『宮崎滔天全集』平凡社　1971〜76年
村田雄二郎責任編集『新編原典中国近代思想史3　民族と国家——辛亥革命』岩波書店　2010年
ヤング, アーネスト・P (藤岡喜久男訳)『袁世凱総統——「開発独裁」の先駆』光風社出版　1994年
蔡德金・王昇編『汪精衛生平紀事』中国文史出版社　1993年
戴季陶『国民革命与中国国民党』中央政治会議武漢分会宣伝股　1928年
戴季陶『孫文主義之哲学的基礎』民智書局　1925年
段雲章・倪俊明編『陳炯明集』中山大学出版社　1998年
広東省社会科学院歴史研究所・中国社会科学院近代史研究所中華民国史研究室・中山大学歴史系孫中山研究室合編『孫中山全集』中華書局　1981〜86年
『建設』影印版　人民出版社　1980年
蔣永敬『胡漢民先生年譜』中央文物供応社　1978年
李志毓『驚弦——汪精衛的政治生涯』牛津大学出版社　2014年
呂芳上『革命再起——中国国民党改組前対新思潮的回応(1914-1924)』中央研究院　近代史研究所　1989年
『民報』影印版　科学出版社　1957年
南華日報社編輯部編『汪精衛先生最近言論集』南華日報社　1930年
邱捷・李興国・李吉奎・張文苑他編『孫中山全集続編』中華書局　2017年

symbolism, 1926-36, Basingstoke: Palgrave Macmillan, 2010

Siemens, Daniel, *Stormtroopers: A new History of Hitler's Brownshirts*, New Haven/London: Yale University Press, 2017.

第四章　近代國家形象的摸索

有田和夫『近代中国思想史論』汲古書院　1998年

石川禎浩『中国共産党成立史』岩波書店　2001年

石川禎浩『シリーズ中国近現代史3　革命とナショナリズム 1925-1945』岩波書店　2010年

岩谷將「訓政制度設計をめぐる蔣介石・胡漢民対立——党と政府・集権と分権」『アジア研究』第五十三巻第二号　2007年

王奇生（萩恵理子・深町英夫訳）「中華革命党時期における党員の意見対立と派閥抗争」日本孫文研究会編『孫文とアジア太平洋 ネイションを越えて』汲古書院 2017年

小野寺史郎『中国ナショナリズム　民族と愛国の近現代史』中央公論新社 2017年

金子肇『近代中国の国会と憲政　議会専制の系譜』有志舎　2019年

川島真『シリーズ中国近現代史2　近代国家への模索　1894-1925』岩波書店 2010年

坂元ひろ子責任編集『新編原典中国近代思想史4　世界大戦と国民形成：五四新文化運動』岩波書店　2010年

田嶋信雄「孫文の「中独ソ三国連合」構想と日本　1917-1924年——「連ソ」路線および「大アジア主義」再考」服部龍二・土田哲夫・後藤春美編『戦間期の東アジア国際政治』中央大学出版部　2007年

張玉萍『戴季陶と近代日本』法政大学出版局　2011年

中村元哉『叢書　東アジアの近現代史2　対立と共存の日中関係史——共和国としての中国』講談社　2017年

野村浩一・近藤邦康・村田雄二郎責任編集『新編原典中国近代思想史5　国家建設と民族自救：国民革命・国共分裂から一致抗日へ』岩波書店 2010年

ヒル, ジョシュア（郭まいか訳）「軍閥時代における民主政をめぐる議論 —

Canning, Kathleen / Barndt, Kerstin / Mcguire, Kristin (eds.), *Weimar Publics/Weimar Subjects*, New York: Berghahn Books, New York, 2010.
Dreyer, Michael/Braune, Andreas(Hg.), *Weimar als Herausforderung*, Stuttgart: Franz Steiner, 2016.
Föllmer, Moritz, /Graf, Rüdiger (Hg.), *Die "Krise" der Weimarer Repblik*, Frankfurt: Campus Verlag, 2005.
Forum: The Weimar Republic Reconsidered, in Bulletin of the German Historical Institute, 65, Fall 2019.
Kluge, Ulrich, *Die Weimarer Republik*, Paderborn : Schoningh, 2006.
Lehnert, Detlef, *Die Weimarer Republik*, Stuttgart : P. Reclam jun, 1999.
Mai, Gunther, *Die Weimarer Republik*, München: C.H.Beck, 2009.
Müller, Tim/Zooze,Adam (Hg.), *Normalität und Fragilität. Demokratie nach dem Ersten Welt-krieg*, Hamburg: Hamburger Ed., 2015.
Pyta, Wolfram, *Die Weimarer Republik*, Opladen : Leske + Budrich, 2004.
Rohe, Karl, *Wahlen und Wählertraditionen in Deutschland*, Frankfurt am Main: Suhrkamp, 1992.
Rossol, Nadine / Ziemann, Benjamin, *Aufbruch und Abgründe: Das Handbuch der Weimarer Republik*, Darmstadt: wbg Akademic, 2021.
Stibbe, Mattew, *Germany 1914-1933*, Harlow, England: Longman, 2010.
Weitz, Eric D., *Weimar Germany*, Princeton University Press, 2007.
Winkler, August, *Weimar 1918-1933*, München : Beck, 1993.
Ziemann, Benjamin, *Contested Commemorations: Republican War Veterans and Weimar Political Culture*, Cambridge University Press, 2013

▲納粹黨相關文獻

Baranowski, Shelly / Nolzen, Armin /Szejnmann, Claus-Chritian (eds.), *A Companion to Nazi Germany*, Hoboken: N.J., Wiley Blackwell, 2018.
Brockhaus, Gudrun (Hg.), *Attraktion der NS-Bewegung*, Essen: Klartext, 2014.
Falter, Jürgen, *Hitlers Wähler*, München: Beck, 1991.
Falter, Jürgen, *Hitlers Parteigenossen:Die Mitglieder der NSDAP 1919-1945*, Frankfurt: Campus Verlag, 2020.
Herbert, Ulrich, *Wer waren die Nationalsozialisten?*, München: C.H.Beck, 2021.
Panayi, Panikos (ed.), *Weimar and Nazi Germany*, London: Routledge, 2001.
Rossol,Nadine, *Performing the nation in interwar Germany : sport, spectacles and political*

⑱Self, Robert, *Britain, America and the War Debt Controversy: the Economic Diplomacy of an Unspecial Relationship, 1917-1941*, London: Routledge, 2006.
⑲Skidelsky, Robert, *Politicians and the Slump: the Labour Government of 1929-1931*, London: Macmillan, 1967.
⑳Steiner Zara, *The Lights that failed: European International History, 1919-1933*, Oxford University Press, 2007.
㉑Strauss David, *Menace in the West: the Rise of French Anti-Americanism in Modern Times*, Westport, Conn.: Greenwood Press, 1978.
㉒Tooze, Adam, *The Deluge: the Great War, America and the Remaking of the Global Order, 1916-1931*, New York: Viking, 2014.

第三章　納粹主義的選擇

因為沒有以威瑪時期的國會和選舉為焦點的文獻，所以舉出威瑪共和國史的文獻以供參考；另外考慮到參照文獻的方便性，故僅列出二〇〇〇年以後出版的著作，不過關於選舉的歐語文獻則包含了在此之前的著作。

木村靖二編『ドイツ史』山川出版社 2001年
成瀬治他編『世界歴史大系ドイツ史(3)』山川出版社 1997年
ゲルヴァルト、ローベルト『史上最大の革命——1918年11月,ヴァイマル民主政の幕開け』みすず書房 2020年
ヘット,ベンジャミン・カーター『ドイツ人はなぜヒトラーを選んだのか』亜紀書房　2020年
ヘルベルト,ウルリヒ（小野寺拓也訳）『第三帝国』KADOKAWA　2021年

▲威瑪共和國史與選舉相關文獻

Beck, Hermann/Jones, Larry Eugene(eds.), *From Weimar to Hitler*, New York/Oxford: Berghahn, 2019.
Bieber, Hans-Joachim, *Bürgertums in der Revolution*, Hamburg: Christians, 1992.
Büttner, Ursula, *Weimar: Die überforderte Republik 1918-1933*, Stuttgart: Klett-Cotta, 2008.

▲参考文献

①紀平英作『ニュースクール——二〇世紀アメリカのしなやかな反骨者たち』岩波書店 2017年

②高橋進『ドイツ賠償問題の史的展開——国際紛争および連繋政治の視角から』岩波書店 1983年

③牧野雅彦『ロカルノ条約——シュトレーゼマンとヨーロッパの再建』中央公論新社 2012年

④楊井克巳編『世界経済論』東京大学出版会 1961年

⑤Barber, William J., *From New Era to New Deal: Herbert Hoover, the Economists, and American Economic Policy, 1921-1933*, Cambridge University Press, 1985.

⑥Clarke, Stephen V.O., *Central Bank Cooperation, 1924-31*, New York: Federal Reserve Bank of New York, 1967.

⑦Cohrs, Patrick O., *The Unfinished Peace after World War I: America, Britain and the Stabilisation of Europe, 1919-1932*, Cambridge University Press, 2006.

⑧Costigliola, Frank, Awkward *Dominion: American Political, Economic, and Cultural Relations with Europe, 1919-1933*, Cornell University Press, 1984.

⑨Daniels, Roger, *Guarding the Golden Door: American Immigration Policy and Immigrants since 1882*, New York: Hill and Wang, 2004.

⑩Dawley, Alan, *Changing the World: American Progressives in War and Revolution*, Princeton University Press, 2003.

⑪Hawley, Ellis W., *Herbert Hoover As Secretary of Commerce, 1921-28: Studies in New Era Thought and Practice*, University of Iowa, 1981.

⑫Hogan, Michael J., *Informal Entente: the Private Structure of Cooperation in Anglo-American Economic Diplomacy, 1918-1928*, University of Missouri Press, 1977.

⑬Leffler, Melvyn P., *The Elusive Quest: America's Pursuit of European Stability and French security, 1919-1933*, University of North Carolina Press, 1979.

⑭Leuchtenburg, William E., *The FDR Years: on Roosevelt and his Legacy*, Columbia University Press, 1995.

⑮McKercher, B. J. C., *The Second Baldwin Government and the United States, 1924-1929: Attitudes and Diplomacy*, Cambridge University Press, 1984.

⑯Moulton, Harold G. and Pasvolsky, Leo, *War Debts and World Prosperity*, Washington, D. C.: Brookings Institution, 1932.

⑰Orde, Anne, *British Policy and European Reconstruction after the First World War*, Cambridge University Press, 1990.

第二章　胎動中的巨大國家——美國

▲史料

①Beard, Charles A. "The American Invasion of Europe," *Harper's Magazine*, Vol. 158, March 1,1929.

②O'Brien, Francis William (ed.), *Two Peacemakers in Paris: the Hoover-Wilson Post-Armistice Letters, 1918-1920*, Texas A&M University Press, 1978.

③Cecil, Viscount "American Responsibilities for Peace," *Foreign Affairs*, April 1928.

④Memorandum by Mr. Churchill, C.P. 358(28), Nov. 19, 1928 in *Documents on British Foreign Policy (DBFP), 1919-1939*, Series. 1a, vol.5 , 1973.

⑤Winston Churchill Speech in the Commons, 24 March 1926, *Parliamentary Papers*, 5th series, Vol. 193, debate of 24 March 1926.

⑥Coolidge, Calvin "Whose Country is This?" *Good Housekeeping*, Vol. 72, Feb. 1921.

⑦Memorandum by Mr. Craigie, *DBFP, 1919-1939*, Series 1a, vol.5 , 1973, pp.858-875.

⑧"The End of an Epoch," *The Economist*, Sept. 26, 1931.

⑨Ford, Henry, *My Life and Work*, Garden City, N.Y., Doubleday, Page & company,1922.

⑩Hoover, Herbert, "Address of Acceptance," August 11, 1928, in Herbert Hoover, *The New Day: Campaign Speeches of Herbert Hoover*, Stanford University Press, 1928.

⑪Hoover, Herbert "A Year of Cooperation," *Nation's Business*, Vol.10, June 5, 1922.

⑫Hughes, Charles E. *The Pathway of Peace: Representative Addresses delivered during his Term as Secretary of State, 1921-1925*, New York/London: Harper & Brothers, 1925.

⑬Keynes, John Maynard, *The Economic Consequences of the Peace*, London: Macmillan, 1920.

⑭Lloyd George, David, Speech in the Commons, 3 July 1919, in House of Commons, *Parliamentary Papers*, 5th series, Vol. 117.

⑮Lloyd George, David, *The Truth About the Peace Treaties*, Vol.1, London: Victor Gollancz, 1938.

⑯Siegfried, André, *Les États-Unis d'Aujourd'hui*, Paris: A. Colin, 1927.

⑰Siegfried, André, "European Reactions to American Tariff Proposals", *Foreign Affairs*, Oct. 1929.

⑱Walter Weyl, "New Americans", *Harper's Magazine*, Sept. 1, 1914.

原暉之『シベリア出兵——革命と干渉1917～1922』筑摩書房 1989年
細谷千博「ヴェルサイユ平和会議とロシア問題」『一橋大学研究年報　法学研究』2, 1959年
メイア, A.J.(斉藤孝,木畑洋一訳)『ウィルソン対レーニン新外交の政治的起源 1917-1918年』（全2巻）岩波書店 1983年
歴史学研究会編『世界史史料〈10〉二〇世紀の世界Ⅰ ふたつの世界大戦』岩波書店 2006年（西崎文子訳「ウィルソンの十四カ条」）

▲俄文文獻

В.И. Ленин. Неизвестные документы. 1891-1922. 2-е изд.（М.:РОССПЭН, 2017）〔列寧——未知文件〕
Документы внешней политики СССР. Т. 3（М.: Госполитиздат, 1959）〔蘇聯對外政策文件集〕
Известня ЦК КПСС〔蘇聯共產黨中央委員會報告〕
К. Д. Набоков. Испытания дипломата（Стокгольм: Северный огни, 1921）〔外交官的苦惱〕
Союз объединённых горцев Северного Кавказа и Дагестана（1917-1918 гг.）и Горская Республика（1918-1920 гг.）. Док. и материалы（Махачкала: ИИАЭДНЦ РАН; Алеф, 2013）〔山岳共和國史料集〕
Б. Е. Штейн «Русский вопрос» на Парижской мирной конференции（1919-1920 гг.）.（М.: Госполитиздат, 1949）〔巴黎和會中的「俄國問題」：一九一九至一九二〇年〕

▲英文文獻

Foreign Relations of the United States〔美國外交文件〕
Lloyd George, David, *The Truth about the Peace Treaties*, in 2 volumes, London: Victor Gollancz, 1938.
Somin, Ilya, *Stillborn Crusade: The Tragic Failure of Western Intervention in the Russian Civil War 1918–1920*, New Brunswick: Transaction Publishers, 1996.
Bullitt, William C., *The Bullitt mission to Russia: testimony before the Committee on Foreign Relations, United States Senate, of William C. Bullitt*, New York : B.W. Huebsch, 1919.
Vratzian, Simon, *Armenia and the Armenian Question* (Tr. by James G. Mandalian) , Boston: Hairenik Publishing Company, 1943.

主要參考文獻

總論　邁向現代的摸索

木畑洋一『二〇世紀の歴史』岩波書店 2014年

木村靖二・柴宜弘・長沼秀世『世界の歴史26　世界大戦と現代文化の開幕』中央公論新社 2009年

ホブズボーム,エリック(河合秀和訳)『20世紀の歴史——極端な時代』(上・下) 三省堂 1996年

Connelly, John, *From Peoples into Nations: A History of Eastern Europe*, Princeton University Press, 2020.

Martel, Gordon (ed.), *A Companion to International History 1900-2001*, Malden, Mass: Blackwell, 2007.

Tooze, Adam, *The Deluge: The Great War and the Remaking of Global Order*, 1916-1931, London: Allen Lane, 2014.

第一章　巴黎和會與俄國內戰

▲檔案資料

Bakhmeteff Archive of Russian and East European Culture, Rare Book and Manuscript Library, Columbia University

РГАСПИ（Российский государственный архив социально-политической истории）[俄羅斯國立社會政治史檔案館資料]

▲日文文獻

相田重夫「ソヴェト政権をめぐる列強の外交」江口朴郎編『ロシア革命の研究』中央公論社 1968年

池田嘉郎『ロシア革命—破局の8か月』岩波書店 2017年

サーヴィス,ロバート（三浦元博訳）『情報戦のロシア革命』白水社 2012年

林忠行『チェコスロヴァキア軍団——ある義勇軍をめぐる世界史』岩波書店 2021年

紀平英作

京都大學名譽教授。京都大學大學院文學研究科碩士課程修畢，文學博士。

1946年生，專長為近現代世界史。

主要著作：

《邁向美國治世之路——胎動中的戰後世界秩序》（山川出版社，1996）

《歷史之核子時代》（世界史劇本50；山川出版社，1998）

《美利堅合眾國的膨脹》（共著，世界的歷史系列23；中公文庫，2008）

《歷史之「美國的世紀」——自由、權力、統合》（岩波書店，2010）

《新學院——二十世紀美國的溫和叛逆者們》（岩波書店，2017）

深町英夫

日本中央大學人文科學研究所所長、國際經營學部教授。東京外國語大學大學院地域文化研究科博士後期課程修畢，學術博士。1966年生，專攻中國政治史。

主要著作、譯作：

《孫文革命文集》（編譯，岩波文庫，2011）

《教養身體的政治——中國國民黨的新生活運動》（岩波書店，2013；三聯書店，2017）

《孫文——近代化的歧路》（岩波新書，2016）

《中國議會百年史：誰代表誰？如何代表？》（編著，東京大學出版會，2015；臺大出版中心，2019）

作者簡介

木村靖二

東京大學名譽教授，東京大學大學院人文科學研究科博士課程肄業。1943年生，專長為德國近現代史。

主要著作：

《士兵的革命——一九一八年德國》（東京大學出版會，1988）
《第一次世界大戰》（筑摩新書，2014）
《德國史》（編著，新版世界各國史13；山川出版社，2001）
《近現代歐洲史》（共著，地域文化研究1；放送大學教育振興會，2006）
《世界大戰與現代文化的揭幕》（共著，世界的歷史26；中公文庫，2009）

池田嘉郎

東京大學大學院人文社會系研究科副教授。東京大學大學院人文社會系研究科博士課程修畢，文學博士。1971年生，專長為近代俄國史。

主要著作：

《革命俄羅斯的共和國與國民》（山川歷史專題14；山川出版社，2007）
《俄國革命——破局的八個月》（岩波書店，2017）
《第一次世界大戰與帝國的遺產》（編著，山川出版社，2014）
《從世界戰爭到革命》（責任編輯，俄國革命與蘇聯的世紀1；岩波書店，2017）
The homeland's bountiful nature heals wounded soldiers: Nation building and Russian health resorts during the First World War, in Adele Lindenmeyr et al. (eds.) *Russia's Home Front in War and Revolution, 1914-1922. Book 2. The Experience Revolution of War and Revolution*, Bloomington: Slavica, 2016.

歷史的轉換期 11

邁向現代的摸索 1919年

現代への模索

Turning Points In World History

編　　者　木村靖二
譯　　者　黃鈺晴
發 行 人　王春申
選書顧問　陳建守
總 編 輯　張曉蕊
特約編輯　蔡傳宜
責任編輯　洪偉傑
封面設計　萬勝安
內文排版　康學恩
版　　權　翁靜如
業　　務　王建棠
資訊行銷　劉艾琳、張家舜、謝宜華
出版發行　臺灣商務印書館股份有限公司
23141 新北市新店區民權路 108-3 號 5 樓
（同門市地址）
電　　話　(02) 8667-3712
傳　　真　(02) 8667-3709
服務專線　0800-056193
郵　　撥　0000165-1
信　　箱　ecptw@cptw.com.tw
網路書店　www.cptw.com.tw
臉　　書　facebook.com.tw/ecptw
印　　刷　鴻霖印刷傳媒股份有限公司
定　　價　新台幣 430 元
2023 年 5 月　初版 1 刷

臺灣商務印書館

局版北市業字第 993 號
法律顧問　何一芃律師事務所

國家圖書館出版品預行編目 (CIP) 資料

1919年・邁向現代的摸索／木村靖二編；黃鈺晴譯
——初版——新北市：臺灣商務印書館股份有限公司，2023.05
面；　公分（歷史的轉換期 11）
譯自：1919年・現代への模索
ISBN　978-957-05-3489-4（平裝）
1. 文化史　2. 世界史

713　112003227